LES PHÉNOMÈNES PSYCHIQUES OCCULTES

ÉTAT ACTUEL DE LA QUESTION

PAR

LE D{^{r}} ALBERT COSTE

DEUXIÈME ÉDITION
REVUE, CORRIGÉE ET AUGMENTÉE

> Les possibilités de l'Univers sont infinies comme son étendue physique.
> O.-J. LODGE.

> Nous sommes si éloignés de connaître tous les agents de la nature et leurs divers modes d'action, qu'il serait peu philosophique de nier l'existence de phénomènes, uniquement parce qu'ils sont inexplicables dans l'état actuel de nos connaissances. LAPLACE.

MONTPELLIER
CAMILLE COULET, LIBRAIRE-ÉDITEUR
5, Grand'Rue, 5

PARIS
G. MASSON, LIBRAIRE-ÉDITEUR
Boulevard Saint-Germain, 120

1895

LES PHÉNOMÈNES

PSYCHIQUES OCCULTES

ÉTAT ACTUEL DE LA QUESTION

LES PHÉNOMÈNES
PSYCHIQUES OCCULTES

ÉTAT ACTUEL DE LA QUESTION

PAR

LE Dʳ Albert COSTE

DEUXIÈME ÉDITION
REVUE, CORRIGÉE ET AUGMENTÉE

> Les possibilités de l'Univers sont infinies comme son étendue physique.
> O.-J. Lodge.
>
> Nous sommes si éloignés de connaître tous les agents de la nature et leurs divers modes d'action, qu'il serait peu philosophique de nier l'existence de phénomènes, uniquement parce qu'ils sont inexplicables dans l'état actuel de nos connaissances. — Laplace.

MONTPELLIER
CAMILLE COULET, LIBRAIRE-ÉDITEUR
5, Grand'Rue, 5

PARIS
G. MASSON, LIBRAIRE-ÉDITEUR
Boulevard Saint-Germain, 120

1895

PRÉAMBULE

Qu'entend-on par « Phénomènes psychiques occultes ? »

Ce sont des phénomènes contraires, en apparence, à toutes les lois connues de la nature, inexplicables par les données actuelles de la Science, et qui se produisent, tantôt spontanément, tantôt par l'intermédiaire de certaines personnes.

On le voit, ce terme de Phénomènes psychiques occultes n'est que la dénomination scientifique de ce qui s'était appelé jusqu'ici le Merveilleux *et le* Surnaturel.

Or, ces phénomènes ont-ils une existence réelle, objective, en dehors de toute hallucination, de toute supercherie ?

Nous n'hésitons pas à répondre, avec M. le Professeur Charles Richet :

« Nous avons la ferme conviction qu'il y a, mê-
»lées aux forces connues et décrites, des forces que
»nous ne connaissons pas ; que l'explication mécani-
»que, simple, vulgaire, ne suffit pas à expliquer tout
»ce qui se passe autour de nous ; en un mot, qu'il y

»a des phénomènes psychiques occultes, et si nous
»disons occultes, c'est un mot qui veut dire sim-
»plement inconnus (1). »

Et maintenant, nous allons tâcher de prouver ce que nous venons d'affirmer.

Lettre à M. Dariex sur les Phénomènes psychiques, in Annales des Sciences psychiques. — N° 1.

LES PHÉNOMÈNES

PSYCHIQUES OCCULTES

INTRODUCTION

Il y a seulement une dizaine d'années, la soutenance, devant une Faculté de médecine, d'une thèse sur les Phénomènes psychiques occultes, autrement dit presque un Essai d'officialisation du Merveilleux (1), aurait été une tentative impossible.

---

(1) Il est entendu que, pour les facilités du discours, et *toute opinion sur la cause possible de ces Phénomènes mise à part*, nous comprenons sous les termes de *Merveilleux* et de *Surnaturel* l'ensemble des faits contraires, en apparence, à toutes les lois naturelles connues et inexplicables par les données actuelles de la Science. Donc, pas d'équivoque.

A cela, plusieurs causes :

D'abord, il faut bien l'avouer, la répugnance singulière dont tous — même les meilleurs cerveaux — nous sommes plus ou moins dupes envers ce qui dérange nos habitudes mentales, ce que Lombroso a nommé le *Misonéisme*.

Ensuite, l'immense discrédit, la réputation plus que suspecte dont « jouissait », depuis la fin du siècle dernier, tout ce qui, de près ou de loin, touchait au Surnaturel.

Enfin, et c'est ici le motif principal — sa suppression devant entraîner celle de tous les autres — l'indigence où se trouvait la doctrine occulte de ce qui peut susciter et justifier un intérêt scientifique sérieux, c'est-à-dire des faits d'observation exacte, méthodique, en nombre suffisant, étudiés et garantis par des expérimentateurs impartiaux, rompus à tous les secrets de la véritable méthode scientifique.

L'histoire du Merveilleux offre cette particularté qu'après avoir, sous des formes diverses, joué dans l'évolution mentale de l'homme un rôle considérable, non seulement ses origines et son essence, mais encore son existence elle-même, ont été, jusqu'à nos jours, l'objet de débats passionnés : croyances fanatiques ou négations irréductibles.

Et cela s'explique aisément par ce fait que, chez l'homme, la notion du surnaturel affecte cette partie de son âme qui est à la fois la plus impressionnable et pour lui la plus chère : ses sentiments qu'elle exalte ou qu'elle accable, ses croyances que, pour une bonne part, elle détermine.

Il est donc probable que nous saurions depuis longtemps à quoi nous en tenir sur ce qu'il faut croire des phénomènes du Merveilleux, si les considérations d'ordre politique, religieux, sentimental ou même simplement esthétique et littéraire, ne s'étaient opposées à leur étude désintéressée.

Il est probable que, sans ces scrupules de divers genres, auxquels se joint encore la crainte d'être dupe, le Surnaturel sorti du domaine de l'empirisme, à l'exemple des sciences positives, formerait maintenant une branche de l'une de ces sciences : Physique ou Psycho-physiologie.

A moins que, affirmant d'éclatante façon sa nature supraterrestre, il n'ait — souhaitable et inespéré bienfait — assuré à l'âme humaine l'indestructible soutien d'une indiscutable Foi.

Or, de nos jours, grâce à un mouvement spécial d'idées, de croyances et de sentiments, sorte de réaction à laquelle on a voulu donner le nom de *Nouveau Mysticisme* (1), on peut, sans crainte de susciter trop de colères ou des oppositions systéma-

---

(1) Paulhan : *Le Nouveau Mysticisme* (Alcan, 1891). Voir, sur ce qu'il faut penser de la sincérité de ce mysticisme, la hautaine et cinglante préface que J.-K. Huysmans a mise au précieux livre de Rémy de Gourmont : *Le Latin mystique* (Vanier, 1892).

tiques, se pencher de nouveau sur les mystères du Surnaturel, sur ces phénomènes étranges, dont on parle depuis l'origine de l'homme, et qui, heurtant violemment nos habitudes d'esprit, ont, par excellence, le don d'exciter, d'irriter même la curiosité·

On a d'autant plus de titres à le faire que la Science, armée de ses instruments de précision, s'est enfin décidée à s'occuper de ces faits absurdes en apparence et contraires à toutes les lois qu'elle a établies jusqu'ici ; elle a commencé, à leur sujet, une enquête qui, espérons-le, va permettre de faire un peu de jour en cet obscur fouillis du Merveilleux.

Comme le dit M Paulhan dans la substantielle étude qu'il a consacrée aux hallucinations véridiques (1) : « Faire entrer le Merveilleux dans la »science, ce serait satisfaire à la fois notre goût, ja»mais dompté pour le Merveilleux, et notre respect »toujours croissant pour la Science. C'est ce que »l'on essaie de faire, et cette application des méthodes »exactes et précises à des sujets qui paraissaient ne »relever que de la Foi est un des caractères impor»tants et originaux de notre science psychologique. »Nous ne voulons plus nous contenter, pour nier ou »pour croire, d'impressions personnelles ou de rai»sons instinctives et vagues. »

---

(1) Paulhan : *Les Hallucinations véridiques*, in *Revue des Deux-Mondes*, 1ᵉʳ nov. 1892.

Et cette hardiesse dans l'investigation de l'*Au-delà* est d'autant plus légitime qu'il serait du fait d'une étroite présomption de regarder, comme déjà connues et désormais enfermées dans les catégories de nos sciences, toutes les modalités de la Force et de la Matière. Qui pourrait soutenir que, dans notre terrestre atmosphère, n'agissent pas — dissimulées et pourtant puissantes — des forces échappant à tous nos concepts ? Serait-il donc absurde de supposer des états de la matière différents de ceux dont nos sens ont la notion familière ?

Absurde au contraire serait la négation *a priori*, en ce temps où les applications des données de la Science ont possibilisé l'Invraisemblable.

N'est-ce pas ici ou jamais le lieu de se rappeler la prudence intellectuelle de Montaigne : « La rai-
»son m'a instruit que de condamner ainsi résolû-
»ment une chose pour faulse et impossible, c'est se
»donner l'advantage d'avoir dans la teste les bor-
»nes et limites de la volonté de Dieu et de la puis-
»sance de notre nature, et qu'il n'y a point de plus
»notable folie au monde que de les ramener à la
»mesure de notre capacité et suffisance. »

Quelles seront maintenant les conséquences de cette enquête scientifique ? Nul ne saurait le dire d'une façon certaine. Pour notre compte, nous les prévoyons nombreuses et graves et capables de provoquer d'inattendus et singuliers bouleversements dans l'Ame contemporaine...

Quoi qu'il en soit, cette tardive mais louable curiosité de la Science pour les inquiétantes énigmes de l'Occulte aura peut-être, entre autres résultats imprévus, celui de dissiper bien des erreurs, bien des calomnies, dont furent victimes ces sciences d'un autre âge : Magie, Alchimie, Kabbale, etc., qui, toutes, faisaient de l'existence des forces occultes de l'homme et de la nature comme la base de leurs enseignements.

Dans les pages suivantes, nous négligerons ce côté de la question, ainsi que tous ceux du même genre, pour nous en tenir *exclusivement* aux résultats positifs que l'enquête, commencée par des hommes d'une intelligence aussi amplexive que courageuse, a donnés jusqu'ici.

Ce travail n'a d'autres prétentions que d'être, pour ainsi dire, le procès-verbal de l'état actuel de la question, car, on ne saurait trop le répéter, il est désormais acquis que la question du Merveilleux existe et que son étude s'impose.

Par malheur pour nous, malgré une expérimentation de deux années, nous n'apportons en ces matières aucune lumière nouvelle. Les résultats que nous avons obtenus, quoique non négligeables et même encourageants, ne nous ont pas semblé accompagnés de suffisantes garanties de contrôle pour que nous les puissions admettre.

C'est qu'ici l'expérimentation est encore plus délicate, plus épineuse que partout ailleurs. Les causes d'erreur sont infiniment multiples et elles ne sont pas seulement extérieures à l'observateur ; il les porte aussi en lui-même : en tous ses sens que peuvent abuser de multiples hallucinations, en son cerveau que des suggestions puissantes ou simplement de séduisantes analogies peuvent entraîner à d'erronées conclusions. On ne les compte plus ceux qui, en ces régions périlleuses, ont déjà perdu pied. Aussi, ne saurait-on trop insister sur l'absolue nécessité, en Psychologie occulte, d'une méthode rigoureuse ; ce n'est pas sur la seule production des Phénomènes que doit s'exercer le contrôle de l'observateur, c'est encore et surtout sur le témoignage de ses propres sens.

Et qui sait même si les méthodes scientifiques normales sont applicables à de pareilles recherches ?

Comme se le demande M. le professeur Richet, si nous n'avançons pas davantage dans cette étude hérissée de tant d'obstacles, « qui sait si ce n'est pas la méthode d'investigation elle-même qui est à trouver (1) ? »

Une des objections que l'on entend le plus fréquemment formuler contre la réalité des faits de Psychologie occulte, « c'est qu'il est impossible de les reproduire à volonté. » Nous avouons qu'elle nous

---

(1) *L'Avenir de la Psychologie,* in *Annales des Recherches psychiques,* n° 6, 2ᵉ année.

a toujours paru un peu naïve. En effet, est-ce que la moindre expérience de physique ou de chimie n'exige pas, pour réussir, toute une série de conditions spéciales, à défaut desquelles elle échoue fatalement ? Or, notre ignorance des conditions nécessaires et suffisantes pour la production des Phénomènes occultes est à peu près complète ; nous ne savons qu'une chose : c'est qu'elles sont encore plus délicates, plus difficiles à réaliser intégralement que celles de n'importe quels autres phénomènes ; un rien suffit à les contrarier. Dès lors, comment pourrions-nous, en Psychologie occulte, reproduire, à volonté et à coup sûr, telle ou telle expérience ? Notre tâche est justement la recherche et la détermination exacte des conditions des Phénomènes, de l'atmosphère nécessaire à l'expérience, pour ainsi dire. Et pour l'instant, elle est suffisante.

Ceci dit, nous allons exposer d'abord un résumé de l'histoire du Merveilleux, histoire précieuse pour nous, surtout en ce qu'elle montre comment des faits, dont on faisait l'apanage du Surnaturel, sont parvenus, sous le nom d'*Hypnotisme*, à se faire admettre par la Science officielle, préparant ainsi la voie à d'autres....

« Est-ce à dire en effet, ainsi que l'écrit M. Char-
»cot, que nous connaissions tout dans ce domaine
»du Surnaturel qui voit, tous les jours, ses fron-
»tières se rétrécir sous l'influence des acquisitions

»scientifiques? Certainement non. Il faut, tout en
»cherchant toujours, savoir attendre. Je suis le
»premier à reconnaître, avec Shakespeare, « qu'il
»y a plus de choses dans le Ciel et sur la Terre
»qu'il n'y a de rêves dans votre philosophie (1). »

Ensuite, nous examinerons séparément chaque classe de Phénomènes psychiques occultes, en ayant soin de choisir les observations les plus caractéristiques, les plus propres à fournir les éléments d'une opinion raisonnée.

Quant à ce qui est des théories explicatives, nous nous bornerons à exposer brièvement celles des autres. Pour nous, persuadé que les faits dont nous allons nous occuper ne peuvent encore comporter l'ombre d'une théorie qui ne soit prématurée, nous nous abstiendrons sagement de toute tentative de ce genre.

« Tâchons de constater des faits. Les théories viendront plus tard, et, hélas ! elles ne feront pas défaut (2). »

Ne réussirions-nous, par ce système d'exactitude positive, à faire naître chez nos lecteurs, non pas la conviction — nous ne visons pas si haut, — mais seulement une sorte de doute, plutôt contraire à la négation *a priori*, une sorte d'état réceptif.

---

(1) Charcot : *La foi qui guérit* (Revue hebdomadaire du 3 déc. 1892).
(2) Ch. Richet : *Lettre à M. Dariex*, etc.

plutôt favorable à l'objet de nos études, que nous nous estimerions satisfait.

A cet égard, nous ne saurions mieux faire, en terminant ces quelques lignes d'avant-propos, que de citer les paroles suivantes de M. de Rochas :

« Nous ne demandons certes pas une foi aveu-
»gle, mais seulement une foi provisoire équiva-
»lente à celle qu'on accorde aux historiens, aux
»voyageurs, aux naturalistes, pour les faits dont
»ils ont été les témoins et qu'ils peuvent, comme
»nous, avoir mal vus ou mal interprétés, ainsi que
»pour les récits rapportés d'après les indigènes,
»qui ont pu se tromper ou les tromper, comme
»nos sujets peuvent s'halluciner ou nous induire
»en erreur.

»Qu'on n'exige pas des preuves absolues, irréfu-
»tables ; il ne saurait y en avoir pour des phéno-
»mènes qui ne dépendent pas de nous ou qui ne
»se produisent que dans des circonstances non en-
»core déterminées.

»Celui qui rejette *a priori* nos observations res-
»semble à l'homme qui nierait César parce qu'il
»ne l'a pas vu, l'électricité parce qu'il n'a pu tirer
»une étincelle de la machine par un temps hu-
»mide, l'harmonie parce que son oreille est inca-
»pable de discerner une consonance d'une disso-
»nance (1). »

---

(1) De Rochas : *Les Etats profonds de l'Hypnose*, page 115 (Chamuel, 1892).

COUP D'OEIL SUR L'HISTOIRE
DU MERVEILLEUX

Dans ce résumé historique, nous passerons rapidement sur le Merveilleux dans l'Antiquité et au Moyen-Age, non pas que les documents fassent défaut, mais ils n'ont pas encore été soumis à une critique suffisante pour que nous les puissions faire figurer dans ce travail qui, répétons-le, ne doit et ne veut admettre que des faits donnant prise le moins possible aux objections du doute.

Nous l'avons dit, le Merveilleux est aussi vieux que l'homme et il est « un aliment si nécessaire à l'esprit humain » que son intervention figure dans les œuvres initiales de toutes les littératures, depuis les livres sacrés et les épopées de l'Inde, jusqu'aux *Sagas* scandinaves (1).

Cette intervention est essentiellement polymorphe : tantôt ce sont des êtres d'essence supérieure à celle de l'homme, ou tout au moins différente (dieux, anges, démons, génies de toute espèce et en nombre incalculable), qui interviennent de façon miraculeuse dans les destinées de l'humanité ; tantôt, au contraire, ce sont des créatures humaines qu'une faculté spéciale et une initiation mystérieuse ont douées de pouvoirs surhumains,

---

(1) Voir Maury: *Croyances et légendes de l'Antiquité* (Didier, 1863)

dont elles usent pour le bien ou pour le mal des hommes (mages, thaumaturges, sorciers, etc., etc.). C'est ainsi que l'histoire du Merveilleux touche d'un côté à celle des religions, de l'autre à l'histoire des occultes (Magie, Alchimie, Kabbale, etc.).

Comme notre but n'est d'étudier que le Surnaturel qui se manifeste par un agent humain, nous allons nous attacher uniquement aux personnages que la tradition nous montre revêtus de pouvoirs extraordinaires, et nous citerons, de préférence, les faits qui auront plus d'analogie avec ceux que l'on peut observer de nos jours.

Notons encore ceci, qui, pour nous, offre un intérêt spécial, c'est que de tout temps, depuis les formules magiques des sanctuaires d'Asclépios (1) jusqu'au *baquet* de Mesmer, en passant par les *onguents sympathiques* de Paracelse et la *cure magnétique* des plaies de Van Helmont, le Merveilleux a été considéré comme un des agents les plus actifs, les plus précieux de l'art de guérir.

L'Inde a toujours été, et elle l'est encore de nos jours, la terre d'élection du Surnaturel. C'est là que, d'après les travaux des occultistes contemporains dont nous parlerons plus loin, aurait pris naissance la *Science occulte*, c'est-à-dire un corps de doctrine qui, entre autres enseignements, affirme l'existence d'une force spéciale et mystérieuse, inhérente au corps humain et aux autres corps de la nature. Elle dériverait d'une Force unique, sorte de «fluide et de vibration perpétuelle», à la fois «substance et mouvement»; et c'est à elle que seraient dus tous les phénomènes d'apparence surnaturelle.

---

(1) Voir, pour les prêtres médecins de la Grèce: Decharme, *Mythologie de la Grèce antique*,— et pour les guérisons du sanctuaire d'Epidaure: Reinach, *Traité d'épigraphie grecque*.

Des sanctuaires indiens, où les thaumaturges la tenaient secrète, cette Science *ésotérique*, mère de toutes les sciences occultes, serait passée d'abord en Chaldée, dans les temples de Mithrâ, puis en Égypte, dans ceux d'Osiris et d'Isis; et l'on peut lire dans Jamblique, Porphyre et Apulée, le très curieux récit des épreuves physiques et morales auxquelles étaient soumis les adeptes, lors de leur initiation.

Tous les grands réformateurs religieux ou philosophes auraient été initiés (1) à la doctrine occulte, et Moïse lui-même en aurait enfermé l'essence dans la Genèse. La Kabbale, avec ses deux livres fondamentaux, le *Sepher Iesirah* et le *Zohar*, ne serait que la clé qui permettrait de découvrir, sous le sens ordinaire, sous le sens littéral de la Bible, la signification secrète (2).

Toutefois, au point de vue exclusivement positif et scientifique qui est le nôtre, nous sommes mal renseignés sur les miracles que pouvaient produire les thaumaturges de l'Inde, de la Chaldée, de l'Égypte, etc. On n'a qu'à lire les très savants ouvrages d'Eusèbe Salverte et de M. de Rochas, pour voir que beaucoup de ces prétendus miracles n'étaient dus qu'à la connaissance anticipée, et tenue soigneusement cachée, de quelques lois de nos sciences positives. Il n'y aurait rien d'étonnant, cependant, à ce que des hommes qui consacraient leur vie à

---

(1) Voir Schuré: *Les grands initiés* (Didier).
(2) Voir, sur la Kabbale: Munck, *Système de la Kabbale*. Paris, 1842. *Mélanges de philosophie juive et arabe.* Paris, 1859.
Ad. Franck: *La Kabbale.* Paris, 1889.— Papus: *La Kabbale, résumé méthodique* (Chamuel, 1891).
Parmi les anciens: Reuchlin. *De Verbo mirifico.* Bâle, 1494.— *De arte cabalistica.* Haguenau, 1517.— et les œuvres de Pic de la Mirandole.

l'étude des forces occultes de l'organisme humain et de de la nature ne fussent arrivés à des résultats dont nous commençons à peine à entrevoir la possibilité.

Dans l'Antiquité grecque et latine, on connaît les prêtres et les devins qui prédisaient l'avenir, les *pythonisses* qui rendaient des oracles, en s'agitant sur leur trépied, les *sibylles* qui, elles, prophétisaient avec calme, sans convulsions.

En général, on ne sait pas assez à quel point les Grecs étaient superstitieux (1) ; pour s'en convaincre, on n'a qu'à lire les récits d'Hérodote : ce ne sont que prodiges plus merveilleux les uns que les autres, si merveilleux même que, quelquefois, l'auteur se refuse à les croire.

On lira aussi, dans *Théophraste*, le portrait, qui ne paraît pas trop chargé, de l'*Athénien superstitieux* (2).

Les plus célèbres thaumaturges furent d'abord *Pythagore*, l'auteur des *Vers Dorés;* il avait été initié, dans l'Inde, à la doctrine occulte; il était, paraît-il, visité par les dieux, il savait se faire écouter des bêtes, etc. Un jour, par la seule force de sa volonté, il aurait arrêté le vol d'un aigle !... Puis viennent *Apollonius de Thyane* et *Simon le Magicien*, deux initiés eux aussi.

«Apollonius, comme le dit M. Chassang (3), a été, de »son vivant même, non seulement honoré comme un »sage, mais redouté par les uns comme un magicien,

---

(1) Voir, à ce sujet, E. Havet : *Le Christianisme et ses origines.*

(2) «Socrate non seulement s'imaginait recevoir des influences, des inspirations divines, mais il croyait encore, à raison de ce privilège, posséder à distance une influence semblable sur ses amis, sur ses disciples..., influence indépendante même de la parole et du regard et qui s'exerçait à travers les murailles et dans un rayon plus ou moins étendu.» (Lélut : *Le démon de Socrate*, 1836, p. 121.)

(3) Chassang : *Apollonius de Thyane* (Didier, 1862).

»adoré par les autres comme un dieu, ou tout au moins
»vénéré comme un être surnaturel.»

Parmi bien d'autres faits miraculeux que raconte avec complaisance son biographe Philostrate, on voit qu'il put prédire d'Éphèse, en Asie-Mineure, où il se trouvait, l'assassinat de l'empereur Domitien, à Rome, à l'instant où cet assassinat se produisait. Une autre fois, il fut transporté subitement de Smyrne à Éphèse, etc., etc.

Quant à Simon de Samarie, dit *le Magicien*, non seulement il fut aussi adoré comme un être divin par le peuple et le Sénat de Rome, mais plusieurs Pères de l'Eglise, et saint Justin entre autres, ne sont pas éloignés de le considérer, eux aussi, comme un dieu. Cependant, tous les Pères ne sont pas à ce point favorables au célèbre magicien, et l'on sait que ce fut, grâce aux prières de saint Pierre, que le thaumaturge fut précipité du haut des airs, où il s'était élevé «par la puissance de deux démons». Les miracles qu'on lui attribue sont innombrables : il crée des statues qui ont la propriété de marcher ; il change les pierres en pain. Enfin, un jour, il dirige la foudre sur le palais de Néron.

D'ailleurs, pendant le siècle où vécut cet homme et pendant ceux qui suivirent, à cette époque si confuse qui vit l'agonie du Paganisme, le triomphe du Christianisme, et où pullulèrent les sectes hérésiaques (1), toutes les sciences occultes, toutes les pratiques de la superstition la plus vulgaire furent en grand honneur. Alors, déjà, on parlait des *tables tournantes* et des *esprits frappeurs*. Tertullien, au milieu du IIe siècle, affirmait, devant le Sénat

---

(1) Voy., pour les hérésies réunies sous le terme générique de *gnosticisme*: Matter, *Histoire critique du gnosticisme*. Paris, 1828-1843. — Ch. Baur: *la Gnose chrétienne* (all.). Tubingue, 1835.

romain, l'existence de la divination (1) par les tables, et il en parlait comme d'une pratique courante. A la fin du IVe siècle, c'est Ammien Marcellin qui nous conte l'histoire de deux païens, Patricius et Hilarius, accusés de magie, pour avoir recouru à la divination par les tables et par l'anneau suspendu, telle que la pratiquent encore les modernes spirites.

Quant aux esprits frappeurs, «c'est pour eux qu'a été faite la prière suivante, qu'on lit dans les anciens rituels de l'Eglise : «Mettez en fuite, Seigneur, tous les esprits malins, tous les fantômes et tout esprit qui frappe (*spiritum percutientem*)» (2).

Pendant les premiers siècles de notre ère, nous trouvons, comme dépositaires de la doctrine occulte, et par conséquent comme faiseurs de miracles, les *Gnostiques*, les *Néo-Platoniciens* de l'Ecole d'Alexandrie, chez lesquels, depuis Plotin jusqu'à Proclus, la philosophie s'associait aux pratiques de la *théurgie*, de *l'évocation des esprits*, etc. (3).

Porphyre raconte que Plotin, séparé de lui, sentit cependant l'intention où était son disciple de se donner la mort.

Au Moyen-Age, les diverses sciences occultes, Magie, Alchimie, Kabbale, ont, quoique mal vues par l'Eglise, de nombreux et brillants représentants. Et ici, nous passerons plus rapidement encore sur les théories et les pouvoirs surnaturels des *Albert le Grand*, des *Raymond Lulle*, des *Nicolas Flamel*, des *Paracelse*, des *Van Helmont*, etc., etc.

---

(1) Voir le *De Divinatione*, de Cicéron.
(2) Voir *Histoire des sciences occultes*, par le comte de Résie, 1857.
(3) Voy. Jules Simon : *Histoire de l'Ecole d'Alexandrie*, 1844-45.— Vacherot: *Histoire critique de l'Ecole d'Alexandrie*.

L'enquête commencée sur eux par quelques esprits curieux et impartiaux est de date encore trop récente (1). Contentons-nous de dire que, lorsqu'on aura bien voulu vérifier, en les rapprochant des résultats obtenus par la science moderne, les enseignements de ces maîtres d'autrefois, on sera forcé de rendre justice, sur ce point comme sur bien d'autres, à ce grand Moyen-Age, souvent méconnu par la pédante et partiale incompréhension de notre époque.

Au XVI⁰ et au XVII⁰ siècle, la croyance au Surnaturel était universelle en Europe. Jamais temps ne comptèrent plus de sorciers de toute sorte, plus de possessions dé-

---

(1) Voir Berthelot: *Origines de l'Alchimie* (Steinheil, 1885); *Collection des anciens Alchimistes* (Steinheil).

«A travers les explications mystiques et les symboles dont s'enveloppent les alchimistes, nous pouvons entrevoir les théories essentielles de leur philosophie, lesquelles se réduisent, en somme, à un petit nombre d'idées claires, plausibles, et dont certaines offrent une analogie étrange avec les conceptions de notre temps...

»Pourquoi ne pourrions-nous pas former le soufre avec l'oxygène, former le selenium et le tellure avec le soufre, par des procédés de condensation convenables? Pourquoi le tellure, le selenium ne pourraient-ils pas être changés inversement en soufre, et celui-ci, à son tour, métamorphosé en oxygène?

»Rien, en effet, ne s'y oppose *a priori*. Assurément, je le répète, nul ne peut affirmer que la fabrication des corps simples soit impossible *a priori*. La pierre philosophale n'est donc pas impossible.» (BERTHELOT.)

Voici ce que, de son côté, pensait Dumas: «Serait-il permis d'admettre des corps simples isomères? Cette question touche de près à la transmutation des métaux. Résolue affirmativement, elle donnerait des chances de succès à la pierre philosophale; il faut donc consulter l'expérience, et l'expérience, il faut le dire, n'est point en contradiction, jusqu'ici, avec la possibilité de la transmutation des corps simples. Elle s'oppose même à ce qu'on repousse cette idée comme une absurdité, qui serait démontrée par l'état actuel de nos connaissances».

moniaques et d'exorcismes. Alors les «juges civils ad-
»mettent la sorcellerie et la magie comme des faits indu-
»bitables, qu'ils ne songent pas même à expliquer autre-
»ment que par l'action du démon» (1).

Citons seulement, pour mémoire, l'affaire des *Ursu-
lines de Loudun*, dont fut victime *Urbain Grandier*, celle
des paysans du Labourd. Ajoutons aussi, à titre de curiosité, que Descartes, le sceptique le plus déterminé en
apparence, tomba plusieurs fois en extase, alors qu'il
avait 24 ans ; dans l'une d'elles, il entendit une explosion,
il vit «*des étincelles briller par toute la chambre* »; il perçut
une voix du Ciel qui lui promettait de lui enseigner le
vrai chemin de la science, etc.

A la fin du XVII° siècle et au début du XVIII°, nous
rencontrons un grand nombre de théosophes, de vision-
naires, de mystiques, d'illuminés, etc. C'est l'époque où
les petits pâtres protestants, en proie à un alluminisme
extatique, prophétisent dans les Cévennes ; où les Con-
vulsionnaires jansénistes invoquent les prodiges accomplis sur le tombeau du diacre Pâris ; où, d'un autre côté,
Jacques Aymar, Mlle *Olivet*, Mlle *Martin*, font des miracles
au moyen de la *baguette divinatoire*, tandis que l'abbé
Guibourt célèbre la *messe noire* (2).

Parmi les mystiques de cette époque, on distingue surtout Mlle *Bourignon* et Mme *Guyon*. Celle-ci, la malheureuse amie de Fénelon (3), prétendait être en commu-

---

(1) Figuier: *Histoire du Merveilleux*. Voir, sur cette période : LA BI-
BLIOTHÈQUE DIABOLIQUE, collection Bourneville (Babé).

(2) Le lecteur trouvera dans l'admirable roman de Huysmans: *Là-
Bas*, une des œuvres littéraires les plus fortes de ces dernières années,
les renseignements les plus précis sur le Satanisme au Moyen-Age et
dans les temps modernes.

(3) Voir Matter: *Le Mysticisme en France au temps de Fénelon*
(Didier).

nion avec les saints, avait des visions, jouissait du *vol
d'esprit* et de l'extase, opérait des cures merveilleuses,
etc. Ainsi que le dit M. Matter (1), «sa vie offre un en-
»semble de phénomènes psychologiques d'un intérêt in-
»fini et dignes d'une étude sérieuse.» Ajoutons qu'à notre
connaissance, cette étude n'a pas été faite et que Mme
Guyon attend encore un historien impartial.

Le plus illustre des théosophes du XVIIIe siècle est le
Suédois *Swedenborg* (1688-1772), savant, philosophe, écri-
vain, qui, après une brillante carrière scientifique, eut, à
l'âge de 56 ans, à Londres, une vision qui changea complètement l'orientation de ses idées et de sa vie. Dès lors,
il dit adieu à la science et, en proie à une sorte d'illu-
minisme poétique, fonda une religion nouvelle, qui s'é-
loigne du luthéranisme, encore plus du catholicisme, et
qui est du «mysticisme tout pur» (2). Cette doctrine du
Nouvel Avènement eut bientôt d'innombrables adeptes.

Pour nous, nous n'avons qu'à retenir que Swedenborg
prétendait conférer avec les patriarches, les prophètes,
les philosophes de l'Antiquité, que son âme pouvait, à
travers toute distance, se mettre en contact avec celle de
ses adeptes, que, de Gothembourg, il vit l'incendie de
Stockolm, qu'enfin il prédit le moment exact de sa mort,
etc. (3).

Malgré son éducation scientifique — il s'était notamment occupé d'anatomie et de minéralogie, — Swedenborg,
comme tous les théosophes dont nous avons cité les
noms, n'avait jamais songé à rapporter aux forces de la
nature la cause des prodiges qu'il produisait ou dont il
était témoin.

---

(1) Matter : *Swedenborg* (Didier. 1863).,
(2) Comte de Résie, *loc. cit.*
(3) Voir Matter : *Swedenborg* et les *Lettres de Kant à Mlle de Knobloch.*

Pour tous ces mystiques, ces miracles étaient produits par des puissances divines, par de bons ou de mauvais esprits, par les âmes des morts, etc.

Mesmer, le premier, quoique hanté, lui aussi, de préoccupations mystiques, essaie de rapporter à une cause un peu plus naturelle la production de ces phénomènes. Dans sa thèse intitulée : *De l'influence des astres, des planètes, sur la guérison des maladies*, le médecin allemand prétendait « que les corps célestes exercent, par la force »qui produit leurs attractions mutuelles, une influence «sur les corps animés, spécialement sur le système ner- »veux, par l'intermédiaire d'un fluide subtil qui pénètre »dans tous les corps et qui remplit tout l'univers ». C'est ainsi qu'il fonde la doctrine du *Magnétisme animal*, doctrine qui, en réalité, n'était point nouvelle. Sans remonter aux théories des anciens orientaux, dont nous avons parlé plus haut, on en trouve des traces très nettes dans Paracelse, Burgraëve, le Père Kircher, etc. (1).

On connaît l'existence accidentée de l'inventeur du fameux « baquet » et les pratiques charlatanesques auxquelles il eut recours pour attirer la clientèle ; ce furent elles qui jetèrent tant de discrédit sur les théories du Magnétisme animal. Pourtant, ainsi que le dit M. Bernheim (2), « tout n'était pas nul dans les folles et orgueil- »leuses conceptions du Mesmerisme ». Pour en donner une idée, citons seulement cette proposition de Mesmer :

« On trouve, dit-il, dans le corps humain, des proprié-

---

(1) Voir, pour l'histoire du Magnétisme animal, les ouvrages de Dechambre, de Bersot et une excellente étude de Paul Richer, dans la *Nouvelle Revue* du 1ᵉʳ août 1882. — Voir aussi le *Magnétisme animal*, de Binet et Féré (Alcan, 1890).

(2) *De la Suggestion et de ses applications.*

»tés analogues à celles de l'aimant, on y distingue des
»*pôles également divers et opposés* » (1).

Voilà mentionnée la *polarité humaine*, retrouvée de nos jours par Reichenbach (2), Durville, Chazarain, de Rochas, etc.

Nous avons dit, au début de cet aperçu historique, que l'un des caractères essentiels du Merveilleux était son polymorphisme. C'est cette grande variété dans ses modes de manifestation qui rend son histoire confuse et difficile à exposer, surtout lorsqu'on arrive à la fin du siècle dernier et au nôtre. Alors, en effet, l'attention est sollicitée par une foule de noms divers qui la déconcertent : *Occultisme*, *Magie*, *Magnétisme*, *Somnambulisme*, *Hypnotisme*, *Spiritisme*, etc., etc.

Disons donc, pour fixer les idées, qu'au XVIIIe siècle, Mesmer, ayant fait connaître au grand public, sous le nom de *Magnétisme animal*, une partie des phénomènes que, seuls jusqu'alors, connaissaient et revendiquaient les adeptes des sciences occultes, on peut distinguer, dans l'histoire du Merveilleux, deux courants :

D'un côté, les diverses écoles d'occultisme et les sociétés secrètes, **Rose-Croix**, **Hermétistes**, continuent l'antique tradition.

De l'autre, le Magnétisme animal évolue, à travers bien des fortunes diverses, du Mesmerisme jusqu'au moderne Hypnotisme.

Or, nous n'étudions ici que des phénomènes qui, tout en ayant peut-être quelque lien caché avec ceux de l'Hypnotisme, en sont pourtant tout à fait différents.

C'est pourquoi nous rappellerons seulement que le

---

(1) 9e des 27 *Propositions* de Mesmer.
(2) Voir le *Fluide des magnétiseurs*, réédité et annoté par M. de Rochas (Carré, 1892).

Magnétisme animal, perfectionné en quelque sorte par le marquis *de Puységur*, qui découvre le somnambulisme provoqué par le baron *du Potet*, l'inventeur du *miroir magique*, et par bien d'autres encore, ne put cependant se concilier la faveur des corps savants. Bien au contraire, après un nombre infini de recherches, de discussions, de rapports, l'Académie de médecine de Paris conclut, en 1837, à sa négation entière, absolue. Mais on sait comment son étude, reprise par l'Anglais *Braid*, qui lui donna le nom d'*Hypnotisme*, continuée par *Azam*, par *Durand de Gros* (1) (un adepte de la première heure, dont on ne saurait trop rappeler l'active et courageuse propagande), aboutit enfin aux beaux travaux des *Liébeault*, des *Charcot*, des *Richet*, des *Grasset*, des *Bernheim* et d'une foule d'autres auteurs.

Dès lors, le Magnétisme animal, sous son nom nouveau d'*Hypnotisme*, est définitivement admis et triomphe avec éclat.

On peut donc dire que des phénomènes que l'on attribuait en propre au Merveilleux viennent de se faire reconnaître par la science officielle.

Or, notre travail se propose de montrer qu'à la suite d'autres chercheurs qui, dans la région du Mystère, ont voulu pousser plus loin que l'hypnotisme, cette même science officielle va, sans doute, être forcée d'admettre aussi les autres modalités du Surnaturel, celles qui formaient jusqu'ici l'apanage des Sciences occultes, Magie, Kabbale, Alchimie, etc.

Mais, au préalable, un mot sur ces dernières.

Nous avons dit que, d'après les occultistes, l'initié Moïse aurait renfermé, dans les deux livres fondamentaux

---

(1) *Cours théorique et pratique de braidisme*, publié sous le pseudonyme de Philip's.

de la Kabbale, le *Sepher Iesirah* et le *Zohar*, l'essence de l'antique doctrine ésotérique de l'Orient. Or, la transmission jusqu'à nous de cette doctrine se serait faite par les diverses écoles d'occultisme qui, toutes, dérivent de la Kabbale, et, par conséquent, de l'Esotérisme de l'antiquité.

Comme lui, en effet, toutes reposent sur un même principe : l'existence d'un Agent unique universel, d'une Force fluidique, origine de toutes choses et à qui elles ont donné les noms les plus divers. C'est l'*Od* des Hébreux, l'*Aour* des Kabbalistes, le *Mercure universel* de l'Alchimie, la *Lumière astrale* des Mages (1).

De même, tous les occultistes professent, et ceci nous intéresse spécialement, que l'une des modalités de cette Force unique est inhérente à l'organisme humain et aux autres corps de la nature ; elle est mystérieuse, le plus souvent à l'état latent, mais peut, dans certains cas et sous certaines conditions, donner lieu à des phénomènes inexplicables par les données ordinaires de la science, tels que le soulèvement spontané du corps au-dessus du sol ou *Lévitation*, les mouvements d'objets matériels sans cause appréciable, la transmission de la pensée à distance, les apparitions, etc.

Pour les Mages, cette force est le *Corps astral*, troisième principe de l'homme, sorte d'intermédiaire entre l'âme et le corps organique (2).

Pour Mesmer, c'est le *Fluide magnétique ;* nous verrons plus loin que, pour la Science, c'est la *Force psychique*. Les personnes qui l'émettent en quantité sont les *médiums*.

---

(1) Cette force émanerait « d'un centre mystérieux et ineffable, où réside l'Être des Êtres. »

(2) Voir Plytoff : *La Magie* (Baillière, 1892).

Enfin, tous les occultistes, après avoir affirmé la persistance du *Moi* conscient après la mort et même la réincarnation, admettent l'existence d'Êtres invisibles, d'essence trop subtile pour être perceptibles à nos sens, en un mot d'*Esprits*, qui sont de plusieurs hiérarchies. La Magie les distingue, suivant leur rang, en : « 1° *Élémentals*, forces inconscientes des Éléments ; 2° *Élémentaires*, restes des défunts ; 3° *Larves*, vestiges vitaux des morts-nés, des suicidés, incessamment guidés par des désirs inassouvis. »

Ajoutons que tous les initiés, quels qu'ils soient, Mages, Kabbalistes, Alchimistes, prétendent pouvoir, au moyen de leur volonté exaltée par des pratiques cérémonielles spéciales, exercer une action puissante sur toute cette population de l'Invisible et posséder ainsi des pouvoirs inconnus des autres hommes. Aussi, toutes les Écoles accordent-elles, dans leur enseignement, la première place au développement et, pour ainsi dire, à l'entraînement de la volonté (1).

Nous n'avons fait que nommer les plus grands occultistes du Moyen-Age, Albert le Grand, Raymond Lulle, Nicolas Flamel, etc., l'enquête commencée sur leurs théories et leurs pouvoirs extraordinaires étant encore loin d'être suffisante.

Au XVIII° siècle, tandis que Mesmer jetait les pratiques du magnétisme en pâture au public, l'occultisme eut pour adeptes les membres de diverses sociétés secrètes : *Templiers, Rose-Croix, Hermétistes ;* puis le Mystérieux : *Comte de Saint-Germain, Louis-Claude de Saint-*

---

(1) Voir le beau livre de Joséphin Péladan : *Comment on devient Mage* (Dentu, 1892), sorte de catéchisme intellectuel et moral que, par ce temps d'abject sensualisme, l'on devrait mettre entre les mains de tous les jeunes gens.

Martin, dit le *Philosophe inconnu*, fondateur de la secte des Martinistes (1), *Cagliostro*, etc.

Au commencement de ce siècle, après l'époque troublée de la Révolution et de l'Empire, vers 1820, la Science occulte renaît partout, et l'on doit reconnaître que les diverses Ecoles sont représentées par des hommes de grande et originale valeur, quoique tenus à l'écart par les Académies (2).

Ce sont le Polonais *Hœne Wronsky*, mathématicien et kabbaliste, *Fabre d'Olivet* (3), auquel nous devons la restitution presque entière des Sciences enseignées dans

---

(1) Voir Matter : *Saint-Martin. Le philosophe inconnu* (Didier) Ad. Franck : *La philosophie mystique en France au XVIIIᵉ siècle*.

(2) Donnons, pour fixer les idées à leur égard et faire cesser des équivoques souvent absurdes, une définition précise des principales Ecoles :

MAGIE. — Elle étudie la mise en pratique des forces occultes de la nature et de l'homme. Si ces forces sont actionnées en vue du mal ou dans un intérêt égoïste, on donne naissance à la *Magie noire* ; si, au contraire, elles sont mises en action pour le bien et dans l'intérêt de tous, c'est la *Magie blanche* qui se révèle.

ALCHIMIE. — Branche de la science occulte qui s'occupe particulièrement de l'application de la magie aux êtres inférieurs de la nature, minéraux et végétaux.

KABBALE. — Signifie *tradition*. — D'après certains auteurs, la Bible est incompréhensible sans une explication secrète. Cette explication aurait été donnée par Moïse à certains hommes choisis et transmise ainsi de génération en génération. Cependant, à une certaine époque, la peur de perdre la tradition aurait déterminé ses possesseurs à l'écrire, le plus symboliquement possible, du reste. De là l'origine des deux livres fondamentaux de la Kabbale : le *Sepher Iesirah* et le *Zohar*. (Ces définitions sont empruntées à Papus).

(3) *La langue hébraïque restituée.* — *Histoire philosophique du genre humain.* — *Les Vers Dorés de Pythagore.* (Traduction et analyse.) Tous ces ouvrages chez Chamuel.

les Sanctuaires de l'Inde et de l'Egypte, *Eliphas Lévy* (1), le plus savant de tous les occultistes contemporains, *Louis Lucas* (2), disciple des alchimistes, qui « ébauche »la première synthèse scientifique, en alliant la Science »occulte à nos Sciences expérimentales. »

De nos jours enfin, surtout depuis 1880, l'Occultisme a pris un essor extraordinaire. Toutes les Écoles comptent de nombreux et brillants adeptes; parmi eux, citons le docteur *Encausse*, chef de clinique du docteur Luys, qui applique avec succès aux sciences modernes la méthode analogique de l'Occultisme, et qui, sous le pseudonyme de *Papus*, a publié un *Traité de Science occulte* très documenté ; il dirige en outre la plus sérieuse des Revues d'occultisme, l'*Initiation*, qui est l'organe du *Groupe indépendant de recherches ésotériques*. Citons encore l'hermétiste *Stanislas de Guayta* (3), successeur direct d'Eliphas Lévy ; *Joséphin Péladan*, qui soutient, dans ses livres — avec le talent que l'on sait — les théories de la Magie la plus transcendentale ; puis le *marquis de Saint-Yves d'Alveydre* (4), la *duchesse de Pomar*, etc...

Terminons ces quelques mots sur l'Occultisme contemporain en disant que ce qui le caractérise, c'est l'emploi qu'il fait, dans ses recherches, de la méthode analogique et le but qu'il se propose de « ramener à un même prin-»cipe toutes les sciences, toutes les philosophies et »toutes les religions, de trouver le lien qui unit la Méta-»physique à la Physique, la Science et la Foi.

»Au point de vue pratique, il étudie une série de forces

---

(1) *Dogme et Rituel de la haute Magie, Histoire de la Magie. Clef des Grands Mystères* (Chamuel).

(2) *Chimie nouvelle, Histoire dogmatique des Sciences physiques, Le Roman alchimique.*

(3) *Le Serpent de la Genèse, Le Temple de Satan* (Chamuel).

(4) *Mission des Juifs* (Calmann-Lévy).

» encore mal connues, en partant de ces deux principes :
» *le Hasard n'existe pas, le Surnaturel n'existe pas* (1). »

Or, ce sont ces « forces mal connues », productrices de phénomènes prodigieux, que quelques savants éminents, diplômés à souhait, les Croockes, les Zœllner, les Richet, les Gibier, les Dariex, ont eu le courage, plus grand qu'il ne semble, de soumettre à des investigations rigoureusement scientifiques, et, comme nous le disions plus haut, c'est grâce à leurs travaux que la Science officielle sera peut-être forcée, dans un avenir plus ou moins prochain, d'admettre, après les phénomènes de l'Hypnotisme, les autres modalités du Merveilleux.

Nous allons voir, maintenant, à la suite de quelles circonstances ces chercheurs furent amenés à aborder ce genre d'études jusque-là si suspectes, et c'est ici que nous nommerons pour la première fois le *Spiritisme*, qui, s'il n'a pas d'autres mérites, a du moins celui d'avoir attiré sur les phénomènes qui avaient formé jusqu'à présent l'apanage exclusif des Sciences occultes l'attention de pareilles autorités.

On peut dire de lui qu'il a rendu à la cause des Phénomènes psychiques occultes le même service que rendit le Mesmerisme à celle de l'Hypnotisme. De même que

---

(1) Papus. — Voici ce que dit M. Paulhan des Sciences occultes :
« M. Héricourt signalait récemment, à propos des travaux de M.
» Charles Henry, sous le fatras des Sciences occultes, la vision de
» l'importance des nombres et de leurs rapports pour l'explication du
» monde. En effet, ramener le monde à des lois générales est un but
» des Sciences occultes, mais ce n'est pas le seul. Une fois connues les
» causes des phénomènes, il faut se servir de ces découvertes pour
» agir sur le monde. La Magie n'est pas autre chose que la science
» qui permet la mise en activité, par l'initié, de l'agent universel et
» des différentes forces invisibles émanées de l'âme humaine, pour
» obtenir certains résultats pratiques. »
(Paulhan : *Le Nouveau Mysticisme*, page 112).

Mesmer, *Allan Kardec* et ses adeptes ont, à travers bien des rêveries sans valeur, fait pourtant entrevoir à quelques esprits pénétrants la possibilité de recherches sérieuses et fécondes.

Racontons donc rapidement les origines du Spiritisme et ensuite de ce que l'on peut nommer l'Occultisme scientifique ou officiel.

En 1847, on commença de signaler, dans le nord de l'Amérique, des phénomènes étranges, mystérieux, qui se passaient à Hydesville, dans l'Etat de New-York. Une famille de ce village, la famille Fox, entendait des coups frappés dans les murs, sur le plancher de la maison qu'elle habitait. Les meubles «étaient agités d'un mou-»vement d'oscillation, comme s'ils avaient été balancés »sur les flots ; on entendait marcher sur le parquet sans »qu'on vît personne (1).» Des recherches minutieuses et une surveillance sévère ne firent découvrir aucune fraude, aucune supercherie. Quant à une hallucination possible, les faits étaient constatés par un trop grand nombre de témoins et se renouvelaient trop fréquemment pour qu'on pût y penser. Bientôt, les bruits parurent produits par des forces *intelligentes*, qui répondaient, au moyen de coups frappés, quand on les interrogeait. Dès lors, tous ces prodiges furent — comme de juste — attribués à des *esprits*, qui, affirma-t-on, étaient les âmes des morts.

On le voit, l'explication n'était pas précisément neuve.

On ne tarda pas à s'apercevoir que certains sujets avaient particulièrement le don de communiquer avec ces esprits, et on leur donna le nom de *médiums*.

«Dès lors, le moderne Spiritisme était fondé. Des mé-

---

(1) Gibier: *Le Spiritisme ou Fakirisme occidental* (Doin, 1889).

»diums innombrables se révélèrent, les pratiques spirites
»se répandirent comme une traînée de poudre, les diffé-
»rents clergés des mille sectes américaines s'en mêlèrent,
»et la confusion devint indescriptible... Peu s'en fallut
»que le Spiritisme, à ses débuts, ne comptât pour mar-
»tyrs ses premiers apôtres (1)».

Bientôt l'épidémie spirite sévit en Europe. Partout on fait tourner, parler, tables et guéridons. On s'entretient avec l'âme de tous les grands personnages du passé, avec les puissances divines elles-mêmes, et Dieu sait ce qu'on leur fait dire (2)!

Allan Kardec, de son vrai nom *Rivail*, écrit des ouvrages qui sont, comme l'Évangile, des Spirites français.

Sans plus nous occuper des destinées du Spiritisme, disons que les premiers chercheurs sérieux qui essayèrent, au moyen de procédés scientifiques, de faire un peu de jour sur les Mystères spirites, furent :

En Amérique, *Mapes*, professeur de chimie, qui, «après avoir repoussé dédaigneusement ces choses», fut obligé de convenir «qu'elles n'ont rien de commun avec le hasard, la supercherie ou l'illusion.»

Puis le docteur *Hare*, qui institua une série d'expériences très ingénieuses, ressemblant beaucoup à celles du professeur Croockes, dont nous aurons à parler longuement.

Enfin, *M. Robert Dale Owen* a publié, en Angleterre, un livre sur le même sujet, dont les conclusions sont identiques à celles de Mapes.

En France, à la même époque, *Babinet* déclare, dans un article de la *Revue des Deux-Mondes*, de mai 1854, que

---

(1) Gibier, *loc. cit.*
(2) Voir De Mirville : **Pneumatologie.— *Des esprits et de leurs manifestations diverses*, 4 vol., 1863.

les prodiges nouveaux qu'on raconte, les phénomènes surnaturels, sont *d'impossibilité* et *d'absurdité*.

En 1859, *Jobert de Lamballe*, *Velpeau*, *Cloquet*, *Schiff*, attribuent les *bruits* spirites (coups, craquements, etc.) au «*déplacement réitéré du tendon du muscle long péro-*
»*nier, de la gaine dans laquelle il glisse en passant derrière*
»*la malléole interne.*»

C'était se satisfaire à bon compte.

Mentionnons pour mémoire l'article que *Dechambre* fit paraître sur la doctrine spirite, dans la *Gazette hebdomadaire de médecine et de chirurgie* (1859), dans lequel il a la sagesse de ne point se prononcer sur la réalité des phénomènes psychiques occultes (1).

Mais deux de ses collaborateurs au *Dictionnaire des Sciences médicales*, MM. *Han* et *Thomas*, loin de suivre son exemple, ne veulent voir, dans tous les faits spirites, que le résultat de l'*hallucination* et surtout de l'*escroquerie* (article *Spiritisme*).

Nous arrivons enfin à la période actuelle et à celle qui l'a précédée immédiatement.

C'est en 1870 que le professeur *William Croockes* (2), qui, parmi bien d'autres titres de gloire, a celui d'avoir découvert un nouveau corps simple métalloïde, le *Thallium*, et un nouvel état de la matière, la *matière radiante*, voulut savoir enfin à quoi s'en tenir sur les phénomènes dont les spirites affirmaient la réalité avec une bonne foi absolue et même une conviction de fanatiques. Se dé-

---

(1) On trouvera cet article cité tout au long dans le livre de M. Gibier.

(2) Déjà vers 1868, la *Société dialectique* de Londres, sous la présidence de sir Lubbock, avait étudié les Phénomènes occultes et conclu à la réalité de la Force psychique. (Voy. Gibier, *loc. cit.*, page 250).

fiant du témoignage de ses propres sens, et pour qu'on ne pût prétendre qu'il avait été dupe d'une hallucination, il eut recours aux instruments enregistreurs dont il usait dans ses recherches scientifiques ordinaires.

Les résultats qu'il a obtenus et consignés dans son livre de la *Force Psychique* sont tels que, bien que l'on soit intimement persuadé de la haute valeur et de l'honorabilité absolue de l'observateur, l'esprit hésite cependant à les admettre sans réserves.

Nous aurons à en parler longuement dans le courant de cette étude.

Disons seulement qu'à la suite des travaux de Croockes, qui ne trouvèrent aucune créance auprès des Académies, il s'est formé en 1822, en Angleterre, une *Société des Recherches Psychiques (Society for psychical Researches)*, qui se consacre à l'étude des phénomènes de psychologie occulte. Elle a pour président *Henry Sydgwick* et compte parmi ses membres honoraires *Croockes, Gladstone, John Ruskin, Alfred Russel Wallace*(1). Ajoutons qu'au dernier Congrès de l'Association britannique pour l'avancement des Sciences, M. Lodge, président de la section des sciences mathématiques et physiques, vient, en un très beau langage, de reconnaître officiellement la nécessité de l'étude des Phénomènes psychiques occultes.

Les expériences de Croockes sur la force psychique furent reprises en Allemagne par l'astronome *Zœllner*, professeur à l'Université de Leipzig, assisté de plusieurs de ses collègues : *Braune, Weber, Scheibner* et *Thiersch*. Le médium avec lequel il expérimenta était l'Américain

---

(1) Voir son livre : *Miracle and modern spiritualism*.

Slade, et les conclusions du savant allemand (1) sont aussi catégoriques que celles du savant anglais.

En France, c'est le docteur *Gibier*, ancien interne des hôpitaux de Paris, et que ses recherches de Pathologie expérimentale avaient familiarisé avec les procédés d'investigation des Sciences positives, qui est le premier à aborder, en 1886, l'étude des phénomènes de Psychologie occulte ; il est, du moins, le premier qui ose en parler ouvertement. Il expérimente avec le médium Slade et obtient des résultats aussi positifs que ceux de ses devanciers étrangers. Dans son premier livre, le *Spiritisme*, il se borne à enregistrer des faits et se garde sagement de tout essai de théorie explicative. Dans le second, *Analyse des choses*, il est moins prudent.....

Puis, tandis que le docteur *Luys* et M. *Ochorowicz* étudient, l'un l'*action des médicaments à distance* et le *transfert des maladies*, l'autre la *Suggestion mentale*, le colonel de *Rochas d'Aiglun*, administrateur de l'Ecole polytechnique, se livre à ses belles études sur les *Forces non définies de la nature* et les *Etats profonds de l'Hypnose* (2).

Enfin, il était réservé à l'homme, dont l'intelligence aussi largement compréhensive que prudemment méthodique avait déjà tant fait pour le triomphe de l'Hypnotisme, d'être encore le premier à reconnaître *officiellement* l'existence et l'intérêt scientifique des phénomènes psychiques occultes.

Après avoir accueilli, dans la grande Revue qu'il dirige, les documents concernant l'Occultisme scientifique et publié sur ce sujet de nombreuses études, M. le

---

(1) Voir son ouvrage : *Wissenschaftliche Abhandlungen*, 1877-81.
(2) De Rochas : *Les forces non définies* (Masson, 1887). — *Les Etats profonds de l'Hypnose* (Chamuel, 1892).

professeur *Charles Richet* vient, en 1891, d'accepter, pour ainsi dire, la direction honoraire de la première publication sérieuse consacrée à ce genre d'études.

Les *Annales des Sciences Psychiques,* que dirige, avec un tact scientifique bien rare en ces matières, M. le docteur *Dariex*, ont pour but de « rapporter, avec force »preuves à l'appui, toutes les observations sérieuses qui »leur sont adressées relativement aux faits soi-disant »occultes de *télépathie*, de *lucidité*, de *pressentiment*, »d'*apparitions objectives.* »

Disons, en terminant, que la *Society for psychical Researches* a pour membres correspondants français : MM. Beaunis, Bernheim, Féré, Janet, Richet, Taine, Liébeault, Ribot, et que la *Société de Psychologie Physiologique* a nommé une commission, composée de MM. Sully-Prudhomme, président, Ballet, Beaunis, Richet, de Rochas, etc., qui se propose l'étude des phénomènes de Psychologie occulte, et en particulier des hallucinations télépathiques.

Nous voici parvenu à la fin de ce long, quoique bien incomplet historique.

Peut-être aura-t-il paru un peu fastidieux. Il était cependant indispensable, ne fût-ce que pour poser les jalons de l'évolution, à travers les âges, des idées relatives au Merveilleux ; ne fût-ce encore que pour suggérer une opinion des Sciences occultes (1) plus exacte et, partant, moins défavorable que celle qui a cours en général.

Et puis, en mettant sous nos yeux l'histoire du Magné-

---

(1) Voyez, pour tout ce qui se rapporte à l'Occultisme, la *Bibliographie méthodique,* publiée par la Librairie du Merveilleux (Chamuel, éditeur).

tisme animal, « cette histoire qui aurait dû nous guérir des négations *a priori*, si nous n'étions incorrigibles (1) », les pages précédentes ne nous permettent-elles pas d'espérer pour la cause de la Psychologie occulte le même définitif triomphe ?

---

(1) Binet et Féré : *Le Magnétisme animal* (Alcan, 1890).

DIVISION DU SUJET

Nous avons déjà dit que les expériences de Psychologie occulte, que nous avions instituées soit seul, soit avec le concours de quelques chercheurs, ne nous avaient malheureusement pas donné des résultats assez positifs, assez probants, pour que nous les puissions présenter ici.

Aussi nous voyons-nous contraint d'emprunter aux divers expérimentateurs qui se sont occupés de ces phénomènes les observations et les expériences qui nous paraîtront devoir satisfaire à la plus rigoureuse critique.

Nous avons nommé tout à l'heure les *Annales des Sciences Psychiques*. Comme cette publication est la seule vraiment scientifique qui paraisse sur le sujet qui nous occupe, comme elle contient, méthodiquement classées et rigoureusement analysées, un nombre considérable d'observations, comme enfin nous ne saurions mieux faire que de mettre notre travail sous la haute protection de deux personnalités aussi sérieuses que celles de MM. Richet et Dariex, nous nous permettrons de faire, à cette Revue, les plus larges emprunts.

Nous puiserons aussi dans les savants ouvrages de MM. Crookes, Gibier, Lepelletier, de Rochas, etc.

Dans la lettre-préface que M. Richet a mise en tête du premier numéro des *Annales*, nous trouvons une bonne classification des divers Phénomènes occultes.

Nous ne saurions mieux faire que de l'adopter ; nous allons diviser donc notre étude en cinq groupes de faits distincts :

« 1° Les faits de *Télépathie* ; c'est-à-dire ceux dans les-
»quels un phénomène a été ressenti par A, alors que B
»éprouvait le même phénomène (ou un phénomène ana-
»logue) sans que A ait pu en être averti. Les hallucina-
»tions véridiques rentrent dans le groupe des phénomè-
»nes télépathiques ;

» 2° Les faits de *Lucidité* ; c'est-à-dire la connaissance
»par un individu A d'un phénomène quelconque, non
»percevable et connaissable par les sens normaux, en
»dehors de toute transmission mentale, consciente ou
»inconsciente. — Par exemple, une somnambule A voit
»un incendie qui se passe à 25 kilom. de là, alors que,
»parmi les assistants, personne ne connaît l'incendie ;

» 3° Les faits de *Pressentiment* ; c'est-à-dire la prédic-
»tion d'un événement plus ou moins improbable qui se
»réalisera dans quelque temps et qu'aucun des faits
»actuels ne permet de prévoir ;

» 4° Mouvements d'objets matériels, non explicables
»par la mécanique normale, tels que : déplacement des
»objets sans contact, soulèvement de tables, etc. ;

» 5° Fantômes et apparitions se manifestant objective-
»ment, c'est-à-dire de telle manière que l'on ne puisse
»les expliquer par la simple hallucination du percipient.
»Dans ce groupe rentrent les photographies de fantômes,
»les hallucinations collectives, etc.

»Les trois premiers groupes, *Télépathie, Lucidité, Pres-*

»*sentiment*, ne sont au fond qu'un seul et même phéno-
»mène, c'est-à-dire une perception de faits, inaccessi-
»bles à nos sens normaux par des procédés psychiques,
»qui nous sont encore absolument mystérieux. »

. . . .

Ces phénomènes « révèlent une faculté profondément
»inconnue encore de l'âme humaine : celle de voir et de
»connaître des événements lointains, dans le temps
»comme dans l'espace, sous une forme plus ou moins
»hallucinatoire (1). »

Le quatrième et le cinquième groupe comprennent,
comme on l'a vu, les Phénomènes physiques occultes.
M. Richet déclare qu'il *n'y croit pas*, «tout en étant prêt,
ajoute-t-il, à se laisser convaincre, si on lui apporte
quelque bonne preuve. »

Or, dans les derniers numéros parus des *Annales*,
M. Dariex rapporte des faits à lui personnels qui ne laissent qu'une bien petite place au doute.

De notre côté, nous citerons d'autres faits de ce genre,
empruntés aux différents auteurs, et l'on nous permettra
de dire que s'il s'agissait des phénomènes moins étranges, moins contraires à nos habitudes mentales, on
n'aurait aucune difficulté à en admettre dès maintenant
la réalité absolue.

---

(1) Richet : *Lettre à M. Dariex*, in *Annales des sciences psychiques*,
premier numéro.

PREMIÈRE PARTIE

Ire CLASSE. — PHÉNOMÈNES PSYCHIQUES OCCULTES

PREMIER GENRE

Télépathie

Qu'entend-on par *Télépathie* ?

Si nous nous reportons aux paroles de M. Richet, c'est la transmission à distance, et sans aucun intermédiaire appréciable, d'une impression ressentie par un organisme A à un autre organisme B, sans que cet organisme B soit en rien averti.

De tous les phénomènes psychiques occultes, ce sont ceux de la Télépathie qui ont été jusqu'ici étudiés avec le plus de soin ; ils ont donné lieu à de nombreux et sérieux travaux.

Les premières études scientifiques sur ce sujet furent entreprises par la *Society for psychical Researches* de Londres, qui fit sur les hallucinations télépathiques une enquête dans le monde entier. Les résultats en ont été consignés dans deux gros volumes par MM. Gurney, Myers et Podmore. Ce sont les *Phantasms of the Living* dont M. Marillier a donné une traduction abrégée (1).

Les faits de télépathie ont ensuite été étudiés par MM. Ochorowicz, Richet, Héricourt, Beaunis, Janet, etc.

Le premier degré, et pour ainsi dire la base expérimentale de la télépathie, c'est la *Suggestion mentale,* la transmission de la pensée — à des distances variables et sans aucun intermédiaire — d'une personne à une autre, toutes deux à l'état de veille.

Or, cette suggestion mentale est-elle scientifiquement démontrée ?

Non, la preuve rigoureusement scientifique de la transmission de la pensée n'a pas encore été faite. Mais cette transmission est infiniment probable et, pour quelques-uns même, elle est certaine.

Dans l'étude très soignée et d'une critique magistrale qu'il en a faite, le docteur *Ochorowicz* conclut que, si elle n'est pas aussi fréquente qu'une expérimentation superficielle pourrait le faire croire, la suggestion mentale existe cependant et peut même s'effectuer à des distances considérables (2).

Telle est aussi l'opinion de M. *Pierre Janet* (3) et du

---

(1) Marillier: *Hallucinations télépathiques* (Alcan, 1891).

(2) « En résumé, dit-il, je considère comme *probable* l'existence de deux sortes de suggestion mentale, l'une conditionnée par une exaltation des sens, exaltation relative vis-à-vis des sensations provenant du magnétiseur, ce qui constitue le *rapport* commun ; et une autre, conditionnée par une paralysie complète des sens, avec l'exaltation tout à fait exceptionnelle du cerveau. » (*La suggestion mentale.* Doin 1889, page 526.)

(3) Janet: *Note sur quelques phénomènes de somnambulisme ; deuxième Note sur quelques phénomènes de somnambulisme.* In *Revue Philosophique,* 1886.

docteur *Gibert* qui, en 1885-86, ont institué au Havre une série d'expériences fort importantes. Sans en faire le récit, disons que ces messieurs, après avoir pris les précautions les plus minutieuses pour se garantir de toute cause d'erreur, surtout de la suggestion involontaire et de l'auto-suggestion, parvinrent à endormir de loin (à une distance de 500 mètres), par un ordre mental, une femme, Madame B..., sujette à des accès de somnambulisme naturel. Le fait se renouvela si souvent que la supposition d'une coïncidence fortuite dut être complètement écartée. Du reste, ces expériences furent reprises, sur le même sujet, par MM. Ochorowicz, Marillier, Richet, etc., et donnèrent des résultats identiques (1).

Disons encore que, sur une série de 2,997 expériences de transmission de pensée, M. Richet obtint 789 succès, alors que le chiffre fourni par le calcul des probabilités était de 732 (2).

Mais on ne tarda pas à découvrir que ce n'est pas seulement la pensée qui est transmissible; ce seraient aussi, toujours d'après MM. Janet et Gibert et les travaux de la *Society for psychical Researches*, les sentiments et les sensations qui pourraient se communiquer sans aucun intermédiaire apparent. Ce fait avait été déjà signalé et revendiqué par les magnétiseurs, notamment par Lafon-

---

(1) Voir aussi, pour le sommeil suggéré à distance, les expériences de Dusart, Dufay, Claude Perronet.

(2) Richet : *La suggestion mentale et le calcul des probabilités*, in *Revue Philosophique* (décembre 1884). — Quelques expériences sur la transmission d'une image ont été faites, en 1891, par MM. Desbeaux et Hennique. Les résultats, quoique intéressants, ne sont pas cependant assez satisfaisants pour que nous en parlions en détail. (Voir *Annales des Sciences psych.*, n° 5).

taine (1) ; mais il était loin d'avoir reçu une confirmation sérieuse. Or, voici ce que raconte à ce sujet M. Janet :

Madame B... semble éprouver la plupart des sensations ressenties par la personne qui l'a endormie. Elle croyait boire quand cette personne buvait. Elle reconnaissait toujours exactement la substance que je mettais dans ma bouche et distinguait parfaitement si je goûtais du sel, du poivre ou du sucre... Le phénomène se passe encore, même si je me trouve dans une autre chambre... Si même, dans une autre chambre, on me pince fortement le bras ou la jambe, elle pousse des cris et s'indigne qu'on la pince ainsi au bras ou au mollet.

Enfin, mon frère qui assistait à ces expériences et qui avait sur elle une singulière influence, car elle le confondait avec moi, essaya quelque chose de plus curieux. En se tenant dans une autre chambre, il se brûla fortement le bras, pendant que Madame B... était dans la phase de somnambulisme léthargique où elle ressent les suggestions mentales. Madame B... poussa des cris terribles, et j'eus de la peine à la maintenir. Elle tenait son bras droit au-dessus du poignet et se plaignait d'y souffrir beaucoup. Or je ne savais pas moi-même où mon frère avait voulu se brûler...

Quand Madame B... fut réveillée, je vis avec étonnement qu'elle serrait encore son poignet droit et se plaignait d'y souffrir beaucoup, sans savoir pourquoi. Le lendemain, elle soignait encore son bras avec des compresses d'eau froide.

Il faut, ce nous semble, rapprocher de ces faits certains cas où l'on voit des somnambules «éprouver les douleurs, les souffrances physiques ou morales d'une personne avec qui on les met en relation, en leur faisant, par exemple, toucher de ses cheveux et en déduire un jugement sur son état (2)». De tout temps on a parlé de faits sem-

---

(1) *Mémoires*, t. I, p. 157.
(2) Paulhan, *loc. cit.*

blables, et les ouvrages des premiers magnétiseurs sont pleins de récits où des somnambules voient l'intérieur du corps de certains malades, décrivent les lésions morbides et indiquent même les remèdes, etc. (1).

On attribuait, autrefois, cette sorte de divination à la *lucidité*, à la *seconde vue*, à la faculté de voir dans l'intérieur de l'organisme.

D'après les travaux contemporains, il est probable que l'on se trouve plutôt en présence d'une transmission des sensations.

L'une des premières observations de ce genre, faite par des expérimentateurs dignes de foi, est consignée dans le rapport que Husson, assisté de Bourdois de la Motte, Guéneau de Mussy, etc., présenta à l'Académie de médecine de Paris, en juin 1831, et dans lequel il concluait à l'existence du magnétisme animal. Comme on le sait, ce rapport n'influa en rien sur les opinions de l'Académie, qui n'osa même pas l'imprimer.

Or, on y lit ceci :

Nous n'avons rencontré qu'une seule somnambule qui ait indiqué les symptômes de la maladie de trois personnes avec lesquelles on l'avait mise en rapport. Nous avions, cependant, fait des recherches sur un assez grand nombre.

..... La commission trouva parmi ses membres quelqu'un qui voulut bien se soumettre à l'exploration de la somnambule : ce fut M. Marc... Mlle Céline appliqua la main sur le front et la région du cœur, et au bout de trois minutes, elle dit que le sang se portait à la tête ; qu'actuellement M. Marc avait mal dans le côté gauche de cette

---

(1) Voir les ouvrages de Puységur, Clocquet et Ch. Bertrand : *Traité du somnambulisme*, page 229 ; du *Magnétisme en France*, page 428-30.

cavité ; qu'il avait souvent de l'oppression, surtout après avoir mangé ; qu'il toussait fréquemment, que la partie inférieure de la poitrine était gorgée de sang, que quelque chose gênait le passage des aliments, que cette partie (et elle désignait la région de l'appendice xyphoïde) était rétrécie ; que, pour guérir M. Marc, il fallait qu'on le saignât largement, etc., etc., etc...

M. Marc nous dit, en effet, qu'il avait de l'oppression lorsqu'il marchait en sortant de table ; que souvent il avait de la toux et qu'avant l'expérience il avait mal dans le côté gauche de la tête, mais qu'il ne ressentait aucune gêne dans le passage des aliments.

Nous avons été frappés de cette analogie entre ce qu'éprouve M. Marc et ce qu'annonce la somnambule ; nous l'avons soigneusement annoté et nous avons attendu une autre occasion pour constater de nouveau cette singulière faculté.

D'autres auteurs relatent des faits analogues : nous les laisserons de côté pour nous en tenir à ceux qu'a observés M. Richet dans ses récentes expériences avec une Somnambule habituée aux consultations (1). M. Paulhan les cite dans son article de la *Revue des Deux-Mondes*, et c'est d'après lui que nous les rapportons :

«Je suis avec Héléna, dit M. Richet, chez Mme de M..., »qui l'interroge sur divers malades. Il va de soi que je »recommande à Mme de M... de ne rien dire dans le cours »de cet interrogatoire, et elle se conforme rigoureusement »à ma recommandation, de sorte que c'est moi seul qui »parle à Héléna et j'ignore absolument quels sont les »malades dont il est question.— Pour le premier malade, »Héléna dit : «J'ai mal aux nerfs. Je suis très agitée. Je

---

(1) Richet : *Relation de diverses expériences sur la transmission mentale, la lucidité et autres phénomènes non explicables par les données actuelles de la science.*

»ne peux me soutenir. J'ai mal à la tête et dans le der-
»rière de la tête, mais moins qu'à la poitrine, les jambes
»faibles. Je suis presque sans connaissance.» Le diag-
»nostic est relativement exact : il s'agissait d'une femme
»atteinte d'une grande irritation bronchique chronique.
»Elle tousse depuis plusieurs années ; en outre, elle a un
»peu d'hystérie et un état de spleen et de tristesse pres-
»que insurmontable, avec une grande irritation nerveuse.
»La consultation continue. Pour le second malade, Héléna
dit : «Fièvre, mal dans les reins, j'ai chaud et je souffre
»dans les reins.» En disant les reins, elle montre unique-
»ment le foie. «Le diagnostic est exact. Il s'agissait de
»M. B..., qui souffre, depuis deux ans, d'une affection
»hépatique rebelle, avec un teint bilieux et des douleurs
»vives dans la région hépatique.» Enfin, pour un troi-
»sième malade, Héléna dit : «J'ai mal à la tête, je ne puis
»définir ma sensation. Je suis à bout de forces, sur le
»point de m'évanouir, minée par la fièvre. Ce n'est pas
»un mal violent, c'est un mal languissant, un malaise in-
»descriptible; j'ai mal partout et mal nulle part.» Ici en-
»core, d'après M. Richet, le diagnostic est exact. Il s'agit
»de M. C..., jeune homme qui, après un séjour de quel-
»ques mois dans les pays chauds, a un état fébrile vague,
»sans localisation précise, une fatigue permanente et un
»affaiblissement général des forces (1)».

Cette observation présente ceci de particulier que la somnambule *ne se trouve pas en présence des malades :* l'intermédiaire probable serait donc Mme B...

Sans nous lancer dans aucune tentative de théorie, disons que le cas précédent se rapproche de ceux où des

---

(1) Paulhan : *Les Hallucinations véridiques,* in *Revue des Deux-Mondes,* 1er novembre 1892.

somnambules ont deviné et décrit les symptômes morbides d'un sujet par le seul contact d'un objet ayant appartenu à ce sujet.

Dans un ordre de faits connexes, le docteur Babinski a opéré, à la Salpétrière, à l'aide d'un aimant, le transfert d'anesthésies, de paralysies, d'une coxalgie, d'une hystérique à une autre, placée à peu de distance.

A la Charité, le docteur Luys, qui avait déjà découvert l'action des médicaments à distance, a obtenu des résultats fort singuliers : après avoir posé quelques instants un aimant en fer à cheval sur la tête d'un malade ordinaire, il le pose sur la tête d'un sujet légèrement endormi, placé dans une pièce voisine, et communique à celui-ci les symptômes morbides — quels qu'ils soient — du premier (1).

De l'ensemble de ces faits et d'une foule d'autres, sur lesquels les dimensions de ce travail ne nous permettent pas d'insister, il résulte que, si la preuve dernière, absolue, irréfutable, l'*experimentum crucis* des alchimistes reste encore à faire au sujet de la possibilité des relations occultes d'un être à un autre, on se trouve, du moins, en présence de phénomènes qui semblent «nécessiter la projection d'un élément sensible hors du corps, soit de l'individu qui fait percevoir, soit de celui qui perçoit.»

Cette proposition recevrait une éclatante confirmation si, comme tout le fait espérer, la découverte que vient de faire M. de Rochas, de l'*extériorisation de la sensibilité*, était reconnue scientifiquement exacte (2).

---

(1) Luys et Encausse : *Du transfert à distance à l'aide d'une couronne aimantée.* (Communication faite à la Société de Biologie, séance du 16 novembre 1890.)

(2) Voir de Rochas : *Les Etats profonds de l'Hypnose* (Chamuel et Carré, 1892).

De la télépathie *expérimentale*, « de celle où l'expéri-
»mentateur et le sujet prennent part, consciemment et
»volontairement, à l'expérience, passons à la télépathie
»*spontanée;* ici, l'agent n'exerce aucune action consciente
»ni volontaire, et la personne qui éprouve l'impression
»ne s'attend pas d'avance à l'éprouver (1) ».

Cette transition entre les deux genres de phénomènes
est loin d'être rigoureusement légitimée par les faits.
Dans la transmission de pensées, de sentiments, de sensations, etc., l'impression ressentie à distance par le *sujet*
a été *voulue, imaginée fortement* par l'agent. Dans les *hallucinations véridiques*, dont nous allons parler et qui constituent la *télépathie spontanée*, l'objet qui apparaît n'est
pas celui sur lequel s'était concentrée la pensée de
l'agent.

Ainsi, A meurt loin de B et son image apparaît à B; il
est fort peu probable que A, au moment de mourir, ait
pensé fortement à sa propre image et en même temps à
B.

Néanmoins, il existe quelques expériences dans lesquelles l'agent a voulu apparaître au sujet, et, bien que
« l'aspect extérieur d'une personne tienne relativement
peu de place dans l'idée qu'elle se fait d'elle-même », ces
expériences de dédoublement volontaire et de projection
du *double* peuvent, à la rigueur, servir d'intermédiaire
entre les faits de télépathie expérimentale et ceux de télépathie spontanée.

Voici une de ces expériences, empruntée à la traduction
du *Phantasms of the Living :*

---

(1) Gurney, Myers et Podmore: *Hallucinations télépathiques*; traduction Marillier.

IV (13). Le sujet de l'expérience est notre ami, le Rev. W. Stainton Moses ; il croit posséder un récit contemporain de l'événement, mais il n'a pu encore le retrouver au milieu de ses papiers. Nous connaissons un peu l'agent. Son récit a été écrit en février 1879, et on n'y a fait, en 1883, que quelques changements de mots, après l'avoir soumis à M. Moses, qui l'a déclaré exact.

Un soir, au commencement de l'année dernière, je résolus d'essayer d'apparaître à Z..., qui se trouvait à quelques milles de distance. Je ne l'avais pas informé d'avance de l'expérience que j'allais tenter, et je me couchai un peu avant minuit, en concentrant ma pensée sur Z. Je ne connaissais pas du tout sa chambre ni sa maison. Je m'endormis bientôt et je me réveillai le lendemain matin, sans avoir eu conscience que rien se fût passé.
Lorsque je vis Z.. quelques jours après, je lui demandai : « N'est-il rien arrivé chez vous, samedi soir ? » — « Certes oui, me répondit-il, il est arrivé quelque chose. J'étais assis avec M... près du feu, nous fumions en causant. Vers minuit et demi il se leva pour s'en aller et je le reconduisis moi-même. Lorsque je retournai près du feu, à ma place, pour finir ma pipe, je vous vis assis dans le fauteuil qu'il venait de quitter. Je fixai mes regards sur vous et je pris un journal pour m'assurer que je ne rêvais point ; mais lorsque je le posai, je vous vis encore à la même place. Pendant que je vous regardais, sans parler, vous vous êtes évanoui. Je vous voyais, dans mon imagination, couché dans votre lit, comme d'ordinaire à cette heure, mais cependant vous m'apparaissiez vêtu des vêtements que vous portiez tous les jours». «C'est donc que mon expérience semble avoir réussi, lui dis-je. La prochaine fois que je viendrai, demandez-moi ce que je veux ; j'avais dans l'esprit certaines questions que je voulais vous poser, mais j'attendais probablement une invitation à parler.» — Quelques semaines plus tard, je renouvelai l'expérience, avec le même succès. Je n'informai pas, cette fois-là non plus, Z..., de ma tentative. Non seulement il me questionna sur un sujet qui était à ce moment une occasion de chaudes discussions entre nous, mais il me retint quelque temps par la puissance de sa volonté, après que j'eus exprimé le désir de m'en aller. Lorsque le fait me fut communiqué, il me sembla expliquer le mal de tête violent et un peu étrange que j'avais ressenti le lendemain de mon expérience. Je remarquai, du moins, alors, qu'il n'y avait pas de raison apparente à ce mal de tête inaccoutumé. Comme la première fois, je ne gardai pas de souvenir de ce qui s'était

passé la nuit précédente, ou du moins de ce qui semblait s'être passé.

Citons encore en ce cas de télépathie expérimentale, remarquable en ceci que deux personnes ont éprouvé l'hallucination :

Le récit a été copié sur un manuscrit de M. S. H. B. ; il l'avait lui-même transcrit d'un *journal* qui a été perdu depuis.

V (14). Un certain dimanche du mois de novembre 1881, vers le soir, je venais de lire un livre où l'on parlait de la grande puissance que la volonté peut exercer et je résolus, avec toute la force de mon être, d'apparaître dans la chambre à coucher du devant, au second étage d'une maison située, 22, Hogarth Road, Kewington. Dans cette chambre couchaient deux personnes de ma connaissance : Mlle L. S. V... et Mlle C. E V.. , âgées de vingt-cinq et de onze ans. Je demeurais en ce moment, 23, Kildare Gardens, à une distance de trois milles à peu près de Hogarth Road, et je n'avais pas parlé de l'expérience que j'allais tenter à aucune de ces deux personnes, par la simple raison que l'idée de cette expérience me vint ce dimanche soir en allant me coucher. Je voulais apparaître à une heure du matin, très décidé à manifester ma présence.

Le jeudi suivant, j'allai voir ces dames et, au cours de notre conversation (et sans que j'eusse fait aucune allusion à ce que j'avais tenté), l'aînée me raconta l'incident suivant :

«Le dimanche précédent, dans la nuit, elle m'avait aperçu debout, près de son lit et en avait été très effrayée, et lorsque l'apparition s'avança vers elle, elle cria et éveilla sa petite sœur, qui me vit aussi».

»Je lui demandai si elle était bien éveillée à ce moment ; elle m'affirma très nettement qu'elle l'était. Lorsque je lui demandai à quelle heure cela s'était passé, elle me répondit que c'était vers une heure du matin».

Sur ma demande, cette dame écrivit un récit de l'événement et le signa.

C'était la première fois que je tentais une expérience de ce genre, et son plein et entier succès me frappa beaucoup.

Ce n'est pas seulement ma volonté que j'avais fortement tendue ; j'avais fait aussi un effort d'une nature spéciale qu'il m'est impossible de décrire. J'avais conscience d'une influence mystérieuse qui circulait dans mon corps et j'avais l'impression distincte d'exercer une force que je n'avais pas encore connue jusqu'ici, mais que je peux à présent mettre en action à certains moments, lorsque je le veux.

S. H. B.

Voici maintenant comment Mlle *Verity* raconte l'événement :

Le 18 janvier 1893.

Il y a à peu près un an qu'à notre maison de Hogarth Road, Kewington, je vis distinctement M. B.. dans ma chambre, vers une heure du matin. J'étais tout à fait réveillée et fort effrayée ; mes cris réveillèrent ma sœur, qui vit aussi l'apparition.

Trois jours après, lorsque je vis M. B..., je lui racontai ce qui était arrivé. Je ne me remis qu'au bout de quelque temps du coup que j'avais reçu, et j'en garde un souvenir si vif qu'il ne peut s'effacer de ma mémoire.

L. S. VERITY.

En réponse à nos questions, Mlle Verity ajoute :

Je n'avais jamais eu aucune hallucination.

Mlle E. C. Verity dit :

Je me rappelle l'événement que raconte ma sœur, son récit est tout à fait exact. J'ai vu l'apparition qu'elle voyait au même moment et dans les mêmes circonstances.

E. C. VERITY.

Mlle A. S. Verity dit :

Je me rappelle très nettement qu'un soir ma sœur aînée me réveilla en m'appelant d'une chambre voisine. J'allai près du lit où elle couchait avec ma sœur cadette, et elles me racontèrent toutes les deux qu'elles avaient vu S. H. B... debout dans la pièce. C'était vers une heure ; S. H. B... était en tenue de soirée, me dirent-elles.

A. S. VERITY.

M. B..., ne se rappelle plus comment il était habillé cette nuit-là.

Mlle E. C Verity dormait quand sa sœur aperçut l'apparition, elle fut réveillée par l'exclamation de sa sœur : « Voilà S... » Elle avait donc entendu le nom avant de voir l'apparition et son hallucination pourrait être attribuée à une suggestion. Mais il faut remarquer qu'elle n'avait jamais eu d'autre hallucination et qu'on ne pouvait, par conséquent, la considérer comme prédisposée à éprouver des impressions de ce genre. Les deux sœurs sont également sûres que l'apparition était en habit de soirée, elles s'accordent aussi sur l'endroit où elle se tenait. Le gaz était baissé et l'on voyait plus nettement l'apparition que l'on n'eût pu voir une figure réelle.

Nous avons examiné contradictoirement les témoins avec le plus grand soin. Il est certain que les demoiselles V... ont parlé tout à fait spontanément de l'événement de M. B... Tout d'abord, elles n'avaient pas voulu en parler, mais quand elles le virent, la bizarrerie de l'affaire les poussa à le faire.

Mlle Verity est un témoin très exact et très consciencieux ; elle n'aime nullement le merveilleux, et elle craint et déteste surtout cette forme particulière du merveilleux.

Sans plus nous arrêter sur ces cas intermédiaires, dont on trouvera d'autres exemples dans la traduction de M. Marillier, nous allons aborder tout de suite ceux des phénomènes de télépathie spontanée qui offrent le caractère le plus étrange et l'intérêt le plus profond, puisqu'on a pu dire d'eux que les étudier, c'était étudier le *lendemain de la mort*.

C'est sur ces *Hallucinations véridiques* qu'a surtout porté l'enquête de la *Society for psychical Researches*, enquête que poursuivent la *Société de Psychologie physiologique* et les *Annales* de M. Dariex (1).

---

(1) Voici les termes dans lesquels est faite cette enquête : « Vous est-

Tout le monde a plus ou moins entendu parler de ces apparitions, de ces fantômes qui se manifestent, de ces voix qui se font entendre à une personne, au moment même ou, *sans qu'elle s'en doute le moins du monde*, un être qui lui est cher meurt loin d'elle ou court quelque danger.

Jusqu'ici on croyait ces cas assez rares, et quand l'apparition et l'événement avaient concordé d'indéniable façon, on attribuait cela à une hallucination coïncidant fortuitement avec le fait réel.

Mais les récents travaux dont nous avons parlé ont révélé que ces hallucinations *véridiques* sont bien moins rares qu'on ne pensait.

Certes, tous les documents que l'on a réunis (plus de huit cents) sont de valeur très inégale, et l'on comprend qu'il ne puisse en être autrement en des matières aussi délicates. Tantôt le narrateur n'exerce pas sur le témoignage de ses sens une critique suffisamment rigoureuse, l'imagination déforme le souvenir : on *soutient* avoir vu ce qu'on *désire* avoir vu ; tantôt l'hallucination n'a pas coïncidé, autant qu'on veut bien le dire, avec l'événement.

Le malheur, en ces questions, est — on ne saurait trop e répéter — que l'ignorance à peu près absolue où nous sommes de la plupart des conditions des phénomènes

---

il arrivé, alors que vous étiez complètement éveillé, d'éprouver l'impression nette de voir un être vivant ou un objet inanimé, sans que vous puissiez rapporter cette impression à aucune cause extérieure ? Vous est-il arrivé, dans les mêmes conditions, d'éprouver l'impression nette d'être touché par un être vivant ou un objet inanimé, ou bien d'entendre une voix humaine, etc., etc ? »

Il suffit de demander à M. Dariex, 6, rue Du Bellay, à Paris, des feuilles d'observation contenant ce questionnaire détaillé.

empêche de les reproduire à volonté. Et même — comme dit M. Héricourt — « quand nous les connaissons, ces »conditions, nous voyons que ce sont précisément celles »qui échappent le plus à l'expérimentation. Deux éléments »se retrouvent, en effet, dans presque toutes les obser- »vations : d'une part, une sympathie étroite entre les »personnes mises en communication, d'autre part, un »évenement de nature à faire vibrer à l'excès cette sym- »pathie préalable. Or, c'est précisément ce second élé- »ment qui, naturellement, échappe aux expérimentateurs. »On n'installe pas un drame comme on fait une démons- »tration de physiologie (1). »

C'est ainsi que l'on ne peut démontrer, par l'expérimentation, la valeur des documents.

«Le jour, et il ne peut être lointain, dit M. Richet, où »l'on aura fourni une preuve expérimentale de la télépa- »thie, la télépathie ne sera plus discutée et elle sera ad- »mise comme un phénomène naturel, aussi évident que »la rotation de la terre autour de son axe ou que la con- »tagion de la tuberculose (2)».

Pour l'instant, nous en sommes réduits à soumettre : 1° chacun des cas qu'on nous signale à la plus rigoureuse des analyses ; 2° le total de ces cas au calcul des probabilités, et, lorsque cette analyse et les mathématiques nous ont révélé, d'un côté la bonne foi et la sagacité de l'observateur, de l'autre l'impossibilité d'invoquer constamment une coïncidence fortuite, nous devons, sous peine de refuser toute valeur au témoignage humain, admettre sinon la réalité absolue, du moins la probabilité très grande des faits de télépathie.

---

(1) Héricourt : *Annales des Sciences psychiques* (n° 5, 1ᵉ année).
(2) Richet : Lettre-préface des *Hallucinations télépathiques*.

Voici les résultats que le calcul des probabilités a fournis à M. Dariex (1) :

1° L'hypothèse de la réalité d'une *action télépathique visuelle* serait *quatre millions cent quatorze mille cinq cent quarante-cinq* fois plus probable que celle de la coïncidence fortuite. 2° L'hypothèse de la réalité d'une *action télépathique auditive* serait *un million quatre cent quatre vingt-treize mille cent quatre-vingt-dix* fois plus probable que celle de la coïncidence fortuite.

Evidemment, il ne faut pas exagérer la valeur de ces chiffres, car rappelons-nous que les données du problème sont singulièrement multiples et délicates.

Comme le dit sagement M. Paulhan, dans la substantielle étude qu'il a consacrée aux hallucinations télépathiques : «Les mathématiques sont une science très belle »et relativement très sûre ; mais il faut se méfier un peu »des applications qu'on en veut faire (2). »

Quoi qu'il en soit, ces chiffres ont leur intérêt, ne fût-ce que pour indiquer «que l'action du hasard seul est »tout à fait invraisemblable.»

Les hallucinations véridiques sont de plusieurs sortes, suivant qu'elles impressionnent, séparément ou à la fois, les divers sens : la vue, l'ouïe et même le toucher ; suivant que le sujet qui les perçoit est dans un sommeil plus ou moins profond ou en état de veille ; suivant qu'elles sont plus ou moins nettes, plus ou moins complètes, etc.

Dans toute hallucination véridique, on distingue deux

---

(1) Pour les éléments de calcul, voir les *Annales des Sciences psychiques* (n° 3, 2ᵉ année).

(2) Paulhan : *Les Hallucinations véridiques*, in *Revue des Deux-Mondes*, 1ᵉʳ nov. 92.

facteurs : l'*agent* dont l'image ou la voix se manifeste à distance, et le *sujet* qui perçoit ces manifestations.

Au moment du phénomène, l'agent, on le sait, se trouve presque toujours en danger de mort, si même il ne meurt pas. Ce sont là les cas les plus fréquents. Mais il en existe d'autres où, lors de la production du phénomène, l'état de l'agent n'offre rien d'anormal. Il *ne sait pas* que le sujet a perçu son image. Comment se rendre compte alors que ce dernier n'a pas eu une simple hallucination subjective ? par certaines coïncidences : «Ainsi, une personne »peut éprouver une hallucination qui représente un de »ses amis, *dans un costume* avec lequel elle ne l'a jamais »vu et ne se l'est jamais imaginé ; et il arrive qu'il por- »tait réellement ce costume, au moment où il lui est ap- »paru... Il est clair que l'on pourrait difficilement consi- »dérer comme accidentelles une série de coïncidences »de cette espèce. Ce type d'hallucinations pourrait servir »à résoudre la question de savoir si c'est de l'état mental »de l'agent ou de celui du sujet que dépendent les im- »pressions télépathiques, ou bien si ce n'est pas plutôt »(comme il est probable) de tous les deux à la fois (1)».

C'est cette nécessité de la coïncidence d'un état mental spécial, chez le sujet et chez l'agent, qui expliquerait la faible proportion des phénomènes télépathiques, par rapport au nombre des morts.

Or, si l'on ignore, à peu près absolument, quelle est la nature de cet état chez l'agent, on n'est guère plus renseigné sur ce qui concerne le sujet.

Tout ce que nous savons, c'est que l'on peut éprouver des hallucinations véridiques à tout âge, même dans l'enfance, et dans *un état de santé parfaite;* que le tem-

---

(1) *Hallucinations télépathiques*, traduction de Marillier, page 270.

pérament ni le sexe ne semblent influer en rien sur leur production ; qu'il est rare que le même sujet en ait plusieurs dans sa vie ; qu'enfin, au moment où elles se manifestent, on ressent presque toujours une sorte de souffle froid sur le visage, en même temps qu'une émotion fort vive; on a le sentiment qu'un événement triste vient d'arriver: la mort d'un ami ou d'un parent (1).

Quant aux *apparitions* elles-mêmes, elles sont le plus souvent rapides, se manifestent dans le moment même de la crise ou de la mort de l'agent, ou dans ceux qui suivent ; elles sont, en général, lumineuses, ne sont formées que d'une seule figure humaine, partielle ou totale, et ne laissent aucune trace physique de leur passage, ce qui les distingue des autres apparitions, des *matérialisations*, dont nous aurons à parler plus loin.

On le voit, les hallucinations de nature télépathique ont beaucoup de points de ressemblance avec les hallucinations ordinaires (2).

Ce qui les en différencie réellement (outre, bien entendu, leur coïncidence avec un fait réel), c'est, « d'une »part, le fait que les hallucinations *visuelles* télépathiques »sont beaucoup plus fréquentes que les hallucinations »*auditives* (le contraire a lieu dans les hallucinations »ordinaires) (3) ; c'est, d'autre part, la proportion consi»dérable d'apparitions non reconnues parmi les halluci-

---

(1) Pour plus de détails, voir l'étude de M. Paulhan citée plus haut et les *Hallucinations télépathiques* de Gurney, Myers et Podmore.
(2) Voir *Hallucinations télépathiques*, page 165 et suivantes.
(3) Chez les aliénés, notamment, la proportion des hallucinations auditives aux visuelles est comme de 3 à 1 (Esquirol). Dans son beau *Traité*, Brierre de Boismont attribue le 2ᵉ rang aux hallucinations visuelles. (*Des Hallucinations*, page 88, Baillière, 1852).

»nations subjectives, apparitions que l'on ne rencontre
»que rarement dans les cas de télépathie (1). »

Laissant de côté les cas qui se produisent pendant le sommeil (*rêves véridiques*) (2) ou dans un état intermédiaire au sommeil et à la veille, nous allons nous occuper de celles de ces hallucinations véridiques que le sujet perçoit dans un état de veille parfaite et qui lui donnent l'illusion absolue de la réalité.

Nous les diviserons en *visuelles, auditives* et *tactiles*.

Dans un second groupe, nous étudierons les hallucinations *réciproques*, celles, beaucoup plus rares, où deux personnes s'apparaissent l'une à l'autre en même temps.

Et enfin les hallucinations *collectives* qui affectent plusieurs sujets à la fois.

A. — Hallucinations télépathiques visuelles

Comme nous l'avons dit, ce sont les plus nombreuses, contrairement à ce qui arrive pour les hallucinations

---

(1) *Hallucinations télépathiques*, page 207.

(2) On a des exemples réels de ces rêves où le dormeur a vu l'image d'une personne qui mourrait loin de là ou qui était en péril. Mais ici l'observation est particulièrement délicate. «En effet, les rêves sont »souvent confus et obscurs, et la connaissance du fait réel peut, après »coup, donner au souvenir une précision et une clarté que n'avait »point l'image apparue. Ensuite, des millions de personnes rêvent tou-»tes les nuits, et il n'est point étonnant que parmi ces millions et ces »millions d'images qui traversent des millions d'esprits, il y en ait »quelques-unes qui coïncident par hasard avec des faits réels. » Cependant, malgré ces objections, on trouvera dans le livre de MM. Gurney, Myers, etc., des exemples indéniables de *Rêves véridiques*. (Voyez page 97 et suivantes).

ordinaires. Elles présentent tous les degrés de netteté possibles, depuis celui où le sujet hésite sur le degré d'extériorité qu'il convient d'attribuer à la vision, jusqu'à l'illusion de la réalité la plus complète, jusqu'à l'objectivation absolue.

Voici un cas où l'illusion semble avoir été complète. Nous l'empruntons, comme tous ceux qui suivront, à l'excellente traduction que M. Marillier a publiée du *Phantasm of the Living* (1) :

LXXI (28). N. J. S., bien qu'on parle de lui à la troisième personne dans ce récit, en est le véritable auteur; nous le connaissons personnellement. Il occupe une position qui fait souhaiter que son nom ne soit pas publié; mais nous sommes autorisé à le faire connaître aux personnes qui voudraient examiner le cas de plus près. Ce récit nous est parvenu peu de semaines après l'événement.

N. J. S. et F. L. étaient employés dans le même bureau; ils avaient noué des relations intimes qui continuèrent pendant environ huit ans. Ils s'estimaient l'un l'autre beaucoup. Le lundi 19 mars 1883, lorsque F. L. vint au bureau, il se plaignit d'avoir souffert d'une indigestion. Il alla consulter un pharmacien, qui lui dit qu'il avait le foie un peu malade et qui lui donna un médicament. Le jeudi, il semblait ne pas aller beaucoup mieux. Samedi, il ne vint pas et N. J. S. a appris que F. L. s'était fait examiner par un médecin qui lui avait conseillé de se reposer deux ou trois jours, mais qui ne pensait pas qu'il eût rien de sérieux.

Le samedi 24 mars, vers le soir, N. J. S., qui avait mal à la tête, était assis dans sa chambre. Il dit à sa femme qu'il avait trop chaud, ce qui ne lui était pas arrivé depuis des mois. Après avoir fait cette

---

(1) Comme, en un sujet encore si discuté, on ne saurait apporter trop de preuves, nous ferons suivre chaque observation de tous les documents qui la confirment. — Les chiffres romains indiquent le numéro de l'observation dans la traduction française abrégée, les chiffres arabes ce numéro dans le livre anglais.

remarque, il se renversa en arrière sur la chaise longue et, à la minute suivante, il vit son ami F. L. qui se tenait devant lui, habillé comme d'habitude. N. J. S. remarqua les détails de sa toilette : il avait un chapeau entouré d'un ruban noir, son pardessus était déboutonné, il avait une canne à la main. Il fixa son regard sur N. J. S., puis s'en alla. N. J. S. se cita à lui-même les paroles de Job : « Et un esprit passa devant moi et le poil de ma chair se hérissa. » A ce moment, un froid glacial le traversa et ses cheveux se dressèrent. Puis, il se tourna vers sa femme en lui demandant l'heure qu'il était : « 9 heures moins 12 minutes », répondit-elle. Sur quoi, il lui dit : « Je vous demandais l'heure, parce que F. L. est mort. Je viens de le voir. » Elle tâcha de lui persuader que c'était une imagination, mais il lui assura positivement qu'aucun argument ne pourrait changer son opinion.

Le lendemain dimanche, vers 3 heures de l'après-midi, A. L., frère de F. L., vint chez N. J. S., qui lui ouvrit la porte. A. L. dit : « Je suppose que vous savez ce que je viens de vous dire ? » N. J. S. répliqua : « Oui, votre frère est mort. » A. L. dit : « Je pensais que vous le saviez. » « Pourquoi ? répliqua N. J. » S. A. L. répondit : « Parce que vous aviez une grande sympathie l'un pour l'autre. » Plus tard, N. J. S. s'assura que A. L. était venu voir son frère le samedi soir, et qu'en le quittant, il avait vu à l'horloge de l'escalier qu'il était 9 heures moins 25 minutes. La sœur de F. L., qui vint le voir à 9 heures, le trouva mort ; il était mort de la rupture d'un anévrisme.

C'est un imple exposé des faits, et la seule théorie que N. J. S. a sur le sujet est la suivante : Au moment suprême de sa mort, F. L. a éprouvé le vif désir de communiquer avec lui ; par la force de sa volonté, il a donc imprimé sa propre image dans le sens de N. J. S.

En réponse à nos demandes, M. S. nous dit :

11 mars 1883.

Ma femme était assise à une table, au milieu de la chambre, au-dessus d'un lustre à gaz. Elle lisait ou elle travaillait à quelque ouvrage de couture. J'étais assis sur une chaise longue, placée contre le mur, dans l'ombre. Ma femme ne regardait pas dans la même direction que moi. Je m'appliquai à parler tranquillement pour ne pas l'alarmer ; elle ne remarqua rien de particulier en moi.

Je n'ai jamais eu d'apparitions avant cette époque ; je n'y croyais pas, parce que je ne voyais pas de raisons d'y croire.

M. A. L... me raconta que, tandis qu'il était en route pour m'annoncer la mort de son frère, il cherchait quelle serait la meilleure manière de m'apprendre la nouvelle. Mais, tout d'un coup, et sans autre raison que la connaissance de grande affection que nous avions l'un pour l'autre, l'idée lui vint que je pourrais le savoir.

Il n'y avait pas d'exemple de transmission de pensée entre nous. Il y a encore beaucoup de petits détails qu'il est impossible de donner en écrivant. Je suis donc tout à fait disposé à causer avec vous de tout cela et à répondre à toutes les questions, lorsque vous viendrez à la ville.

Il y a surtout un fait dont l'étrangeté me frappe, c'est la certitude profonde que j'ai qu'avant la mort de mon ami rien ne pouvait m'amener à cette idée. Je semblais cependant accepter tout ce qui se passait sans ressentir de surprise et comme si c'était chose toute naturelle.

N. J. S

Mme S... nous envoie la confirmation suivante :

18 septembre 1883.

Le 29 septembre dernier, au soir, j'étais assise à une table et je lisais, mon mari était assis sur une chaise longue placée contre le mur de la chambre ; il me demanda l'heure, et, sur ma réponse qu'il était 9 heures moins douze minutes, il me dit : « La raison pour laquelle je vous demande cela, c'est que S... est mort. Je viens de le voir. » Je lui répondis : « Quelle absurdité ! Vous ne savez même pas s'il est malade ; j'affirme que vous le verrez tout à fait bien portant lorsque vous irez en ville mardi prochain. » Cependant mon mari persista à déclarer qu'il avait vu S... et qu'il était sûr de sa mort ; je remarquai alors qu'il avait l'air très inquiet et qu'il était fort pâle. »

Maria S...

Nous trouvons dans la nécrologie du *Times* que la mort de M. F. L. eut lieu le 24 mars 1883.

Dans une communication postérieure, M. S... dit :

23 février 1885.

Comme vous me l'avez demandé, j'ai prié M. A. L.. de vous écrire ce qu'il sait relativement au moment de la mort de son frère.

Depuis ce temps, j'ai souvent réfléchi sur cet incident : je ne suis pas à même de satisfaire mon propre esprit quant au *pourquoi* de l'apparition, mais j'affirme encore l'exactitude de chaque détail, je n'ai rien à ajouter ni à retrancher.

Le frère de M. L... confirme le fait de la manière suivante :

Banque d'Angleterre, 24 février 1885.

M. S.... m'a informé du désir que vous aviez de voir confirmer par écrit ce qu'il vous a raconté de la mort subite de mon frère Frédéric; je le prie en conséquence de vous communiquer les détails suivants : Mon frère n'était pas venu à son bureau le 24 mars 1883 ; j'allai, vers 8 heures du soir, le voir et je le trouvai assis dans sa chambre à coucher. Lorsque je le quittai, il se trouvait en apparence beaucoup mieux et je descendis vers 8 heures 40 à la salle à manger, où je restai avec ma sœur, à peu près une demi-heure. Aussitôt que je fus parti, elle monta à la chambre de mon frère, qu'elle trouva étendu sur le lit : il était mort. Le moment exact de sa mort ne sera par conséquent jamais connu. Lorsque je me rendis, le lendemain, chez M. S... pour lui apporter la nouvelle, l'idée me vint — je connaissais la forte sympathie qui existait entre eux — qu'il pourrait bien avoir eu un pressentiment de cette mort. Lorsqu'il vint à ma rencontre près de la porte, son regard me prouva qu'il savait tout ; je lui dis donc : « Vous savez pourquoi je viens ? » Il me raconta alors que, dans la soirée précédente, il avait vu mon frère Frédéric dans une vision, un peu avant 9 heures. Je dois vous dire que je ne crois pas aux visions et que je n'ai pas toujours vu les pressentiments se vérifier, mais je suis parfaitement convaincu de la véracité du récit de M. S... On me demande de le confirmer : je le fais volontiers, quoique je sache que je fortifie ainsi une doctrine dont je ne suis pas le disciple.
A. T. L.

Voici un second cas, encore plus typique. On remarquera la longue durée de l'apparition, et aussi cette expression qui se retrouve dans quelques autres observations : *Je marchai à travers l'apparition.*

Capitaine G. F. Russell Calt, Cartrtierrie, Coatbrige, N. B.

Je passais mes vacances à la maison, je demeurais avec mon père et ma mère, non pas ici, mais dans une autre vieille résidence de famille, dans le Mid-Lothian, construite par un ancêtre au temps de Marie, reine d'Ecosse, et appelée Inveresk House. Ma chambre à coucher était une vieille pièce curieuse, longue et étroite, avec une fenêtre à un bout et une porte à l'autre. Mon lit était à gauche de la fenêtre et regardait la porte. J'avais un frère qui m'était bien cher (mon frère aîné), Oliver; il était lieutenant dans le 7ᵉ Royal Fusiliers. Il avait à peu près 19 ans et il se trouvait à cette époque, depuis quelques mois, devant Sébastopol. J'entretenais une correspondance suivie avec lui.

Un jour, il m'écrivit dans un moment d'abattement, étant indisposé ; je lui répondis de reprendre courage, mais que, si quelque chose lui arrivait, il devait me le faire savoir en m'apparaissant dans ma chambre où, petits garçons encore, nous nous étions si souvent assis, le soir, fumant et bavardant en cachette. Mon frère reçut cette lettre (comme je l'appris plus tard) lorsqu'il sortait pour aller recevoir la sainte cène ; le clergyman qui la lui a donnée me l'a raconté. Après avoir communié, il alla aux retranchements, d'où il ne revint pas ; quelques heures plus tard, commença l'assaut du Redan. Lorsque le capitaine de sa compagnie fut tombé, mon frère prit sa place, et il conduisit bravement ses hommes. Bien qu'il eût déjà reçu plusieurs blessures, il faisait franchir les remparts à ses soldats, lorsqu'il fut frappé d'une balle à la tempe droite. Il tomba parmi les monceaux d'autres ; il fut trouvé dans une sorte de posture agenouillée (il était soutenu par d'autres cadavres), 36 heures plus tard. Sa mort eut lieu, ou plutôt il tomba, peut-être sans mourir immédiatement, le 8 septembre 1855.

»Cette même nuit, je me réveillai tout d'un coup. Je voyais en face de la fenêtre de ma chambre, près de mon lit, mon frère à genoux, entouré, à ce qu'il me semblait, d'un léger brouillard phosphorescent. Je tâchai de parler, mais je ne pus y réussir. J'enfonçai ma tête dans les couvertures ; je n'étais pas du tout effrayé (nous avons tous été élevés à ne pas croire aux esprits et aux apparitions), mais je voulais simplement rassembler mes idées, parce que je n'avais pas pensé à lui, ni rêvé de lui, et que j'avais oublié ce que je lui avais écrit une quinzaine avant cette nuit-là. Je me dis que ce ne pouvait être qu'une illusion, un reflet de la lune sur une serviette ou sur quelque autre objet hors de sa place. Mais lorsque je levai les yeux, il était encore là, fixant sur moi un regard plein d'affection, de supplication et de tristesse. Je m'efforçai encore une fois de parler, mais ma langue était comme liée ; je ne pus prononcer un son. Je sautai du lit, je regardai par la fenêtre et je m'aperçus qu'il n'y avait pas de clair de lune : la nuit était noire et il pleuvait serré, à en juger d'après le bruit qu'on entendait contre les carreaux ; je me retournai, et je vis encore le pauvre Oliver : je fermai les yeux, *marchai à travers l'apparition* et arrivai à la porte de la chambre. En tournant le bouton, avant de sortir, je regardai encore une fois en arrière. L'apparition tourna lentement la tête vers moi et me jeta encore un regard plein d'angoisse et d'amour. Pour la première fois, je remarquai alors à la tempe droite une blessure d'où coulait un filet rouge. Le visage avait un teint pâle comme de la cire, mais transparent ; transparente était aussi la marque rouge. Mais il est presque impossible de décrire l'apparence de la vision. Je sais seulement que je ne l'oublierai jamais. Je quittai la chambre et j'allai dans celle d'un ami, où je m'installai sur le sofa pour le reste de la nuit ; je lui dis pourquoi. Je parlai aussi de l'apparition à d'autres personnes de la maison ; mais, lorsque j'en parlai à mon père, celui-ci m'ordonna de ne pas répéter un tel non-sens, et surtout de n'en rien dire à ma mère.

Le lundi suivant, il reçut une note de Sir Alexandre Milne annonçant que le Redan avait été pris d'assaut, mais sans donner des détails. Je dis à mon ami de me le faire savoir, s'il voyait avant moi le nom de mon frère parmi les tués et les blessés. Environ une quinzaine plus tard, il entra dans la chambre à coucher que j'occupais dans la maison de sa mère, à Athole Crescent, Edinburgh.

Je lui dis, l'air très grave : « Je suppose que vous venez pour me communiquer la triste nouvelle que j'attends. » Il répondit : « Oui. » Le colonel du régiment et un officier ou deux, qui avaient vu le cadavre, confirmaient le fait que l'apparence du corps s'accordait très bien avec ma description. La blessure mortelle était exactement là où je l'avais vue. Mais personne ne put dire s'il était vraiment mort tout de suite. Son apparition, dans ce cas, devait avoir eu lieu quelques heures après sa mort, car je l'avais vue quelques minutes après 2 heures du matin. Quelques mois plus tard, on renvoya à Inveresk un petit livre de prières *et la lettre que je lui avais écrite*. Les deux objets avaient été trouvés dans la poche intérieure de la tunique qu'il portait au moment de sa mort ; je les ai encore.

Le récit de la *London Gazette Extraordinary*, du 22 septembre 1855, prouve que l'assaut du Redan commença dans l'après-midi du 8 septembre et qu'il dura au moins une heure et demie. Le rapport de Bunell nous apprend « que les morts, les moribonds et les non blessés étaient empilés pêle-mêle. » L'heure exacte de la mort du lieutenant Oliver Calt n'est pas connue.

Le capitaine Calt dit dans une autre communication :

Mon père reçut la lettre de l'amiral Milne juste au moment où nous partions en voiture pour visiter des ruines situées à une distance de quelques milles. Mon père conduisait, j'étais assis à côté de lui, et il fit l'observation : « J'ai bien fait de vous dire de ne pas parler à votre mère de l'apparition de votre frère Oliver. J'espère que vous défendrez à toutes les personnes auxquelles vous en avez parlé de mentionner cet incident, parce que, à présent, depuis cette nouvelle, votre mère serait doublement tourmentée. »

Le capitaine Calt vous a nommé plusieurs personnes qui pourraient confirmer son récit. Sa sœur, Mme Halpe, de Fermcy, nous a envoyé la lettre suivante :

Le 12 septembre 1882.

Dans la matinée du 8 septembre 1855, mon père, M. Calt, nous a raconté, à moi, au capitaine Ferguson, du 42e régiment, qui est mort depuis, au major Dorwick, de la Rifle Brigade (qui vit encore), et à d'autres, qu'il s'était réveillé pendant la nuit et qu'il avait vu, lui avait-il semblé, mon frère aîné, le lieutenant Oliver Calt, des Royal Fusiliers (alors en Crimée), qui se tenait debout entre le lit et la porte. Il avait vu que Oliver avait été blessé de plusieurs balles ; je me souviens qu'il nous a parlé d'une blessure à la tempe. Mon frère s'était levé ; il s'était précipité, les yeux fermés, vers la porte et, en se retournant, il avait vu l'apparition, qui se tenait entre lui et le lit. Mon père lui ordonna de ne plus parler de cela pour ne pas effrayer ma mère ; mais, bientôt après, arrive la nouvelle de la chute du Redan et de la mort de mon frère.

Deux années plus tard, mon mari, le colonel Hape, invita mon frère à dîner. Mon mari n'était alors encore que lieutenant aux Royal Fusiliers, et mon frère, enseigne aux Royal Welsh Fusiliers. Ils parlèrent à dîner de mon frère aîné. Mon mari indiquait quel était l'aspect de son cadavre, quand on l'avait trouvé, lorsque mon frère décrivit ce qu'il avait vu. A l'étonnement de toutes les personnes présentes, la description des blessures correspondait aux faits.

Mon mari était l'ami le plus intime de mon frère aîné ; il était parmi ceux qui virent le cadavre immédiatement après qu'on l'eut retrouvé.

On remarquera que cette confirmation diffère du récit précédent en deux points qui, cependant, n'affectent pas grandement sa valeur. La date de l'apparition était, en réalité, le 9 septembre et non le 8, mais il est très naturel que la vision a été associée à la date *mémorable*, c'est-à-dire le 8 septembre, et la figure était à genoux et non pas debout.

Citons maintenant un exemple d'hallucination véridique, où l'agent est dans un état parfaitement normal.

XCIV (256) Mlle Hopkinson, 37, Wolcem place, WC, Londres.

20 février 1886.

« Dans le cours de ma vie, j'ai été accusée quatre fois d'apparaître aux gens. Je ne puis donner aucune explication de ces visites supposées. »

Nous avons demandé à Mlle Hopkinson des détails et la confirmation des faits qu'elle avançait : elle nous a répondu :

« Vous seriez tout à fait excusable de ne pas croire un mot de mes récits ; je ne peux, en effet, vous donner aucun témoignage extérieur pour les confirmer. La jeune femme qui a vu la première apparition est morte peu de temps après ; ses parents, eux aussi, sont morts. Lors de la seconde apparition, j'ai donné à entendre au monsieur à qui j'étais apparue qu'il s'était trompé ; je ne puis rien lui demander maintenant. Dans le troisième cas, bien que la dame qui m'a vue m'ait encore raconté les faits, il y a un ou deux jours, elle se refuse absolument à m'en écrire le récit ou à me permettre de me servir de son nom. Elle pense, en effet, et c'est une idée assez répandue, qu'il est contraire à la religion de s'occuper de ces sortes de choses. Le quatrième cas diffère des autres à certains égards, mais la jeune femme dont il s'agit, dans cette circonstance, mourut peu de temps après ; je dois dire que, dans tous ces cas, ma pensée était fort occupée des personnes qui crurent me voir. Voici des détails plus circonstanciés :

Premier cas. — C'était, il y a bien des années déjà : une jeune fille qui couchait dans une chambre contiguë à la mienne, déclara que, pendant la nuit, j'étais allée la voir ; elle était réveillée et je lui avais rendu, disait-elle, quelques légers services. Elle maintint ses affirmations avec tant d'énergie que, malgré toutes mes dénégations, ceux qui l'entouraient ne me crurent pas. J'étais absolument certaine de ne pas avoir quitté ma chambre, je n'aurais pu le faire sans qu'on s'en fût aperçu. Je n'aurais pas confiance en ma mémoire pour d'autres détails ; après un si long laps de temps, je pourrais me tromper.

Deuxième cas. — Il y a sept ans, j'étais allée dans la cité (endroit que j'évite toujours), ayant à m'occuper d'une petite affaire qui concernait un de mes parents. Je tenais beaucoup à ce qu'il ne sût rien de ma démarche. Mes pensées étaient donc concentrées sur lui. Je fus tirée de ma rêverie par l'horloge de *Bow Thurch* qui sonnait 3 heures. Le soir, je vis mon parent, et la première chose qu'il me dit fut : « L..., où êtes-vous allée aujourd'hui ? Je vous ai vu venir chez moi, vous avez passé devant mon bureau, et je ne sais ce que vous êtes devenue. » Je lui répondis : « A quel moment avez-vous été assez ridicule pour penser que j'aurais pu aller vous voir » ? — «Au moment où la pendule sonnait 3 heures », répliqua-t-il.

Je changeai de sujet, et depuis je ne suis pas revenue là-dessus. Ce monsieur me connaissait fort bien et savait comment je m'habillais d'ordinaire. Il va de soi que je n'allais pas le voir, si ce n'est pour affaires et lorsqu'il me donnait rendez-vous.

Troisième cas. — C'était il y a environ 6 ans ; j'habitais une maison de province à 100 milles de Londres. On était fort occupé dans la maison et d'esprit fort positif. Il y avait aussi beaucoup de jeunes gens très gais. Un matin, je descendis pour déjeuner, comme pressée par une sensation que je ne pouvais ni comprendre ni secouer. L'après-midi, cette sensation fut remplacée par l'idée obsédante d'une de mes parentes de Londres. Je lui écrivis pour lui demander ce qu'elle faisait, mais sa lettre se croisa avec la mienne ; elle m'adressait la même question. Quand je la vis, elle m'a dit ce qu'elle m'a encore répété la semaine dernière : elle était assise et travaillait tranquillement, lorsque la porte s'ouvrit et j'entrai, ayant mon air habituel. Bien qu'elle me sût fort loin, elle conclut, en me voyant, que j'étais revenue. Elle ne s'aperçut du contraire que lorsque je me fus retournée et que je fus sortie de la chambre.

Quatrième cas. — Il y a quatre ans, une jeune fille m'affirma que je m'étais tenue au pied de son lit (elle était souffrante à ce moment-là) et que je lui avais dit distinctement de se lever, de s'habiller, que je la croyais suffisamment bien pour le faire ; elle obéit. Je lui dis qu'elle s'était tout à fait trompée et que je n'avais rien fait de pareil. Elle pensa évidemment que je niais le fait pour un motif quelconque. A ce moment-là, j'étais à une distance de 20 minutes de marche de la chambre de cette jeune fille. Elle était sûre de ce qu'elle affirmait et je n'aurais pas voulu discuter la question avec elle.

Sa maladie n'était pas une maladie mentale. »

Louisa HOPKINSON.

Il semblerait que des cas semblables dussent aider à découvrir le mécanisme de la production des hallucinations télépathiques ; en réalité, on le voit, il n'en est rien. Bien mieux, des faits de ce genre semblent obscurcir encore la genèse du phénomène.

Le livre anglais contient plus de cent observations d'hallucinations visuelles analogues à celles que nous venons de citer.

B. — HALLUCINATIONS TÉLÉPATHIQUES AUDITIVES

Les hallucinations véridiques auditives sont moins nombreuses que les visuelles.

Comme ces dernières, elles présentent divers degrés d'intensité et de netteté.

Du côté du sujet, tantôt ce n'est qu'un son inarticulé, un simple bruit qu'il perçoit, tantôt (et c'est le cas le plus fréquent) c'est une voix humaine qui est *reconnue* ou non. Cette voix pousse un simple cri, ou bien prononce des paroles.

Du côté de l'agent, dans les cas qui n'ont pas été suivis de mort, et où la vérification est possible, il arrive que les cris ou les mots n'ont été qu'à demi-émis, et même simplement imaginés.

Ces diverses classes d'hallucinations auditives indiquées, voici quelques observations empruntées toujours au livre de MM. Gurney, Myers et Podmore.

Dans la suivante, il s'agit d'un cri terrible d'agonie poussé par l'agent et entendu par le sujet qui ne reconnaît pas la voix.

CIX (34). Ce récit est dû à un homme fort honorable que nous désignerons par les initiales de A. Z... Il nous a donné les noms véritables de toutes les personnes dont il est question dans son récit, mais il désire qu'ils ne soient pas publiés, en raison du caractère douloureux des faits qui y sont rapportés.

Mai 1885.

« En 1876, je demeurais dans une petite paroisse agricole de l'est de l'Angleterre.

J'avais pour voisin un jeune homme S. B... qui possédait, depuis peu, une des grandes fermes du pays. Pendant qu'on arrangeait sa maison, il logeait, avec son domestique, à l'autre bout du village. Son logement était fort éloigné de ma maison ; il en était distant d'un demi-mille au moins, et il en était séparé par beaucoup de maisons et de jardins, par une plantation et des bâtiments de ferme. Il aimait les exercices du corps et la vie en plein air, et passait une bonne partie de son temps à chasser. Ce n'était pas pour moi un ami personnel, mais une simple relation ; je ne m'intéressais à lui que comme à l'un des grands propriétaires du pays. Par politesse, je l'ai invité à venir me voir, mais autant que je m'en souviens, je ne suis jamais allé chez lui.

Une après-midi du mois de mars 1876, comme je quittais la gare, avec ma femme, pour rentrer chez moi, S. B... nous aborda. Il nous accompagna jusqu'à la porte d'entrée ; il resta encore quelques instants à causer avec nous, mais il n'y eut rien de particulier dans cette conversation. Il faut noter que la distance entre cette porte et les fenêtres des salles à manger est, par le chemin, à 60 yards ; mais les fenêtres de ces pièces donnent au nord-est sur le chemin à voitures.

Après que S. B... eut pris congé de nous, ma femme me dit : «Évidemment, le jeune B... désirait que nous lui disions d'entrer, mais j'ai pensé que vous ne vous souciez pas de vous laisser déranger par lui. » Une demi-heure plus tard environ, je le rencontrai de nouveau, et, comme je voulais jeter un coup d'œil sur un travail que l'on faisait tout au bout du domaine, je lui demandai de faire la route avec moi. Sa conversation n'eut rien de particulier, ce jour-là ; toutefois, il semblait être un peu ennuyé par le mauvais temps et le bas prix des produits agricoles. Je me rappelle qu'il me demanda des cordages en fil de fer, pour faire un treillage dans sa ferme, et que je lui promis de lui en donner. Au retour de notre promenade et à l'entrée du village, je m'arrêtai au chemin de traverse pour lui dire bonsoir ; le chemin qui conduisait chez lui tombait à angle droit sur le mien. Et à ma grande surprise, je l'entendis dire : « Venez fumer un cigare chez moi, ce soir. » Je lui répondis : « Ce n'est guère possible, je suis engagé ce soir. » « Venez donc ! » me dit-il. «Non, lui répliquai-je, je viendrai un autre soir. » Sur ce mot, nous nous séparâmes.

Nous étions peut-être à 10 yards l'un de l'autre, lorsqu'il se retourna vers moi et me cria : « Alors, puisque vous ne viendrez pas, bonsoir.» Ce fut la dernière fois que je le vis vivant.

Je passai la soirée à écrire dans ma salle à manger. Je puis dire que, pendant quelques heures, il est fort probable que la pensée du jeune homme B... ne me vint pas à l'esprit. La nuit était brillante et claire, et la lune était pleine ou peu s'en fallait ; il ne faisait pas de vent. Depuis que j'étais rentré, il avait un peu neigé, tout juste assez pour blanchir la terre.

A 10 heures moins 5 environ, je me levai et je quittai la chambre ; je pris une lampe sur la table du vestibule et je la mis sur un guéridon placé dans l'embrasure de la fenêtre de la salle à déjeuner. Les rideaux des fenêtres n'étaient pas fermés. Je venais de prendre dans la bibliothèque un volume de l'ouvrage de Macgillivray sur les *Oiseaux d'Angleterre*, pour y chercher un renseignement. J'étais en train de lire le passage, le livre approché tout près de la lampe et mon épaule appuyée contre le volet ; j'étais dans une position où je pouvais entendre le moindre bruit du dehors. Tout à coup, j'entendis distinctement qu'on avait ouvert la grande porte de devant et qu'on l'avait refermée en la faisant claquer. Puis, j'entendis des pas précipités qui s'avançaient sur le chemin. Les pas étaient d'abord fort distincts et très sonores ; mais, quand ils arrivèrent en face de la fenêtre, la pelouse qui était au-dessous de la fenêtre en amortit le son, et, au même moment, j'eus la conscience que quelque chose se tenait tout près de moi, en dehors, séparé seulement de moi par la mince jalousie et le carreau de verre. Je pus entendre la respiration courte, haletante, pénible du messager, ou de quoi que ce fût, qui s'efforçait de reprendre haleine avant de parler. Avait-il été attiré par la lumière qui filtrait à travers les volets? Mais, subitement, pareil à un coup de canon, retentit en dedans, en dehors, partout, le plus épouvantable cri, un gémissement, une plainte prolongée d'horreur qui glaça le sang dans mes veines. Ce ne fut pas un seul cri, mais un cri prolongé, qui commença sur une note très élevée, puis qui s'abaissa et qui allait s'égrenant, s'éparpillant en gémissements vers le Nord ; il devenait de plus en plus faible, comme s'il s'évanouissait dans les sanglots et les affres d'une horrible agonie. Impossible de décrire mon épouvante et mon horreur, augmentées dix fois lorsque je retournai dans la salle à manger et que j'y trouvai ma femme, tranquillement assise à son travail, près de la fenêtre, située sur la même ligne que celle de la salle à déjeuner, et qui était éloignée seulement de 10 à 12 pieds. *Elle n'avait rien entendu.* Je vis cela du premier coup d'œil; d'après la position où je la trouvai assise, je pouvais conclure qu'elle aurait dû entendre le moindre bruit qui se serait produit au dehors et surtout le bruit des pas sur le sable. S'apercevant que quelque chose m'avait alarmé, elle me demanda : « Qu'y-a-t-il? » « Il y a seulement quelqu'un dehors », lui dis-je. « Alors, pourquoi ne sortez-vous pas pour aller voir ? Vous le faites toujours, quand vous entendez quelque bruit extraordinaire. » Je dis : « Il y a quelque chose de si étrange et de si terrible dans ce bruit, que je n'ose pas le braver. Ce doit être la *banshee* (la fée) qui a crié. »

Le jeune S. B..., après avoir pris congé de moi, était rentré chez lui. Il avait passé la plus grande partie de la soirée sur le sofa, lisant un roman de Whyte Melville. Il avait vu son domestique à 9 heures et lui avait donné des ordres pour le lendemain. Le domestique et sa femme, qui habitaient seuls la maison avec S. B..., allèrent se coucher. A l'enquête, le domestique déclara qu'au moment où il allait s'endormir, il avait été brusquement réveillé par un cri. Il courut dans la chambre de son maître qu'il trouva expirant sur le sol. On constata que le jeune B... s'était déshabillé en haut et qu'il était descendu dans son salon, vêtu seulement de sa chemise de nuit et de son pantalon ; il s'était versé un demi-verre d'eau, dans lequel il avait vidé un flacon d'acide prussique (il se l'était procuré le matin, sous prétexte d'empoisonner un chien ; en réalité, il n'avait pas de chien). Il était remonté et, après être rentré dans sa chambre, il avait vidé le verre, en poussant un cri : il s'était abattu mort par terre. Tout cela s'était passé, autant du moins que je puis le savoir, exactement au même moment où j'avais été si effrayé chez moi. Il est tout à fait impossible qu'aucun bruit, sauf peut-être celui d'un coup de canon, ait pu arriver à mon oreille, depuis la maison de B... Les fenêtres et les portes étaient fermées ; il y avait entre sa maison et la mienne un grand nombre d'obstacles : des maisons, des jardins, des fermes, des plantations, etc.

Forcé de partir par le premier train, j'étais sorti le lendemain matin de bonne heure, et, examinant le terrain au-dessous de la fenêtre, je ne trouvai aucune trace de pas sur le sable ou le gazon : le sol était encore couvert de la légère couche de neige tombée le soir précédent.

Tout l'incident avait été un rêve d'un moment, une imagination, appelez-le comme vous voudrez ; je raconte simplement les faits comme ils se sont passés, sans essayer d'en fournir une explication, qu'en vérité je suis tout à fait incapable de donner. Tout l'incident est un mystère et restera toujours un mystère pour moi. Je n'appris les détails de la tragédie que dans l'après midi du lendemain, parce que j'étais parti par le premier train. On disait que le motif du suicide était un chagrin d'amour. »

Dans une lettre ultérieure, datée du 12 juin 1885, M. A. Z... nous dit :

« Le suicide a eu lieu dans cette paroisse, le jeudi 9 mars 1876, vers 10 heures du soir. L'enquête a eu lieu le samedi 11 ; elle fut faite par.... alors coroner. Il y a quelques années qu'il est mort, autrement j'aurais peut-être obtenu de lui une copie des notes qu'il a prises alors ; vous trouverez probablement quelques détails de l'enquête, dans le.... du 17 mars.

Moi-même, je n'appris les détails de l'événement qu'à mon retour, dans l'après-midi du vendredi, c'est-à-dire dix-sept heures plus tard.

La légère couche de neige tomba vers 8 heures, *pas plus tard*. A partir de ce moment, la nuit fut claire et belle et très silencieuse ; il gela assez dur ; j'ai des preuves de tout cela qui pourraient satisfaire n'importe quel magistrat.

Le lendemain matin, de bonne heure, avant de quitter la maison pour toute la journée, j'allai voir sous la fenêtre s'il y avait des traces de pas. Peut-être n'est-il pas tout à fait exact de dire qu'il avait neigé. Il était tombé plutôt un peu de grêle et de grésil, et l'on voyait à travers les brins d'herbe, mais cela suffisait pour que personne ne pût passer par là sans laisser de traces.

Je n'assistai pas moi-même à l'enquête, de sorte que je n'en sais que ce que j'ai entendu dire. Dans mon récit, j'ai dit que le domestique avait été réveillé par un cri. J'ai interrogé cet homme (dont M. Z... donne le nom) et je l'ai serré de près, en le contre-interrogeant sur ce détail de sa déclaration : il est plus exact de dire qu'il fut réveillé par une série de bruits, qui se terminèrent par un fracas ou une «lourde chute». Cela est probablement plus exact, car le fils du fermier (suit le nom), qui demeurait dans la maison voisine, fut réveillé par *la même sorte de bruits*, qui arriva de la maison de B... à travers le mur, jusqu'à la chambre où il couchait.

Cependant, je ne veux pas que l'on pense que des bruits *matériels* quelconques, entendus dans la maison de B... aussi bien que dans celle du voisin, aient pu avoir quelques relations avec le bruit et le cri particulier qui m'ont tant effrayé. Toute personne, connaissant la localité, doit admettre l'*impossibilité* absolue que de pareils bruits puissent traverser tous les obstacles interposés. Je veux seulement dire que la scène qui se passa dans l'une des deux maisons coïncida avec mon alarme et avec les phénomènes qui se passaient dans l'autre maison.

J'apprends par un renseignement, puisé dans le livre de.... (suit le nom), pharmacien de..., que le jeune S. B.. s'était procuré le poison le 8 mars. Ci-joint, en réponse à votre demande, une note de Mme A. Z...»

La note ci-jointe, signée par Mme A. Z... et aussi datée du 12 juin 1885, dit ce qui suit :

« Je puis attester que, dans la nuit du 9 mars 1876, vers dix heures, mon mari, qui était allé dans la chambre attenante, pour consulter un livre, fut fortement alarmé par des bruits qu'il entendit. A ce qu'il me dit, il avait entendu la grande porte claquer, puis des pas sur le chemin et sur la pelouse, puis une respiration haletante près de la fenêtre, et enfin un cri terrible.

Je n'entendis rien du tout. Mon mari ne sortit pas pour regarder autour de la maison, comme il aurait fait en tout autre moment. Et lorsque je lui demandai *ensuite* pourquoi il n'était pas sorti, il me dit: «Parce que j'ai senti que je ne pouvais pas.» Lorsqu'il alla se coucher, il monta son fusil, et lorsque je lui demandai pourquoi, il me répondit : «Parce qu'il doit y avoir quelqu'un par ici.»

Le lendemain matin, il partit de bonne heure, et il n'entendit pas parler du miracle de M. S. B... avant l'après-midi du même jour.»

M. A. Z... nous a dit qu'il n'avait jamais éprouvé d'impression semblable.

Un article d'un journal local, que nous avons lu, donne une relation du miracle et de l'enquête qui confirme le récit donné par M. A. Z...

Dans le cas suivant, le sujet a entendu une phrase tout entière, qui probablement a été prononcée par l'agent ou tout au moins fortement imaginée :

CXI. (284). R. H. K. Killick Greatmeaton Rectory. Northalleston C'est un extrait d'une lettre adressée au Rev. R. H. Davies de Chelson. Cette lettre ne porte pas de date.

Le Rev. Davies nous a dit, le 15 novembre 1885, qu'il devait l'avoir reçue il y a dix ou douze ans. M. Killick nous a envoyé, le 23 avril 1884, un récit presque identique ; nous n'avons pu obtenir de sa femme qui est maintenant infirme, une confirmation directe du récit, mais M. Killick nous a dit que les souvenirs de sa femme étaient d'accord avec les siens. L'événement s'est passé il y a plus de trente ans.

« Une de mes filles bien-aimées (maintenant mariée) était avec toute ma famille à notre presbytère, dans le Wiltshire : j'étais alors à Paris. Un dimanche après-midi, j'étais assis dans la cour de l'hôtel où je prenais mon café, lorsqu'une pensée traversa subitement mon esprit: «Etta est tombée dans l'eau.»

Dans le récit qu'il nous a envoyé plus tard : le passage parallèle est «quand, tout à coup, je crus entendre une voix me dire : «Etta est tombée dans l'étang.»

Je dois vous dire que nous avions une très grande pelouse, une belle pièce d'eau artificielle, avec une allée verte tout autour, une cascade, une grotte, etc. C'était l'endroit préféré.

J'essayai de chasser cette pensée, mais en vain. Je me promenai durant des heures dans Paris, essayant d'effacer cette impression, mais en vain. Je marchai jusqu'à ce que je ne pusse plus aller ; je rentrai me coucher, mais sans pouvoir dormir. Le lendemain, j'allai au bureau de poste, dans l'espoir d'y trouver des lettres ; il n'y en avait pas.

Je ne pouvais plus rester à Paris ; j'allai à l'ambassade et je pris un passeport pour Bruxelles.

Je reçus ensuite des lettres où l'on me disait que tout le monde se portait bien ; j'achevai mon voyage, sans parler de « mon inquiétude absurde», comme je l'appelais.

Quelques mois plus tard, je dînais chez des amis, lorsque la maîtresse de la maison dit : « Qu'avez-vous pensé d'Etta, quand vous l'avez appris ? »

— Appris quoi ? dis-je.

— Oh ! dit la dame, ai-je trahi un secret ?

— Je ne vous quitte pas avant de tout savoir.

Elle me dit : «Ne me faites pas arriver d'ennuis, mais je parlais de sa chute dans l'étang. »

— Quel étang ?

— Votre étang.

— Mais quand ?

— Lorsque vous étiez sur le continent.»

Comme j'allais partir, je ne parlai plus de cela, mais je me hâtai de rentrer à la maison, je cherchai la gouvernante, et lui demandai ce que tout cela voulait dire.

Elle me répondit : « Oh ! que c'est cruel de vous le dire, maintenant que tout est passé. Eh bien ! une après-midi de dimanche, nous nous promenions près de l'étang, lorsque Théodore dit: « Etta, c'est si drôle de marcher les yeux fermés.» Elle essaya, et tomba dans l'eau. J'entendis un cri, je regardai et je vis la tête d'Etta sortir de l'eau ; je courus, la saisis et la tirai hors l'étang. Oh ! c'est affreux ! Alors je la portai à sa maman ; nous la mîmes au lit et elle se remit bien vite.» Je lui demandai le jour : c'était « le dimanche même où j'étais à Paris et où j'avais eu cette affreuse impression. »

Je demandai l'heure. C'était vers quatre heures ! le moment même où cette pensée pénible s'était présentée à mon esprit.

Je dis alors : «Cela m'a été révélé à Paris, au moment même de l'accident,» et, pour la première fois, je lui parlai de la triste impression que j'avais éprouvée à Paris, cette après-midi. »

R. Henry KILLICK.

M. Killick nous écrit, le 6 mai 1884 :

« Vous me demandez si c'est la seule impression de ce genre que j'aie eue ; je crois pouvoir répondre que oui. Je ne me rappelle rien de semblable. Vous me demandez si l'étang était dangereux, etc. On ne permettait *jamais* aux enfants de s'en approcher, si ce n'est avec des personnes sérieuses ; l'accès en était défendu, et l'étang était loin de leur terrain de jeu. Nous étions si sévères et si attentifs qu'un accident était impossible. Nous n'avions pas d'inquiétude à ce sujet-là.

A ce moment, dix enfants se trouvaient réunis chez moi ; et l'enfant qui faillit se noyer était bien présente à mon esprit à ce moment, et non une autre. La voix semblait dire : « Etta est tombée dans l'étang. »

On trouve dans les *Phantasms of the Living* le récit de 36 autres cas semblables.

C. — HALLUCINATIONS TÉLÉPATHIQUES TACTILES

Les hallucinations *tactiles*, d'origine télépathique, sont encore plus rares que les auditives.

Il en est de même, du reste, pour les hallucinations du toucher, qui sont simplement subjectives. Dans ce dernier cas même, on peut supposer que, souvent, la sensation a eu pour origine une secousse musculaire involontaire, ce qui réduit encore le nombre des hallucinations tactiles ordinaires.

Rien d'étonnant donc à ce que celles qui sont de nature télépathique soient aussi rares.

Dans ces dernières, tantôt le sens du toucher est seul impressionné, tantôt les autres sens participent aussi à l'impression.

Voici maintenant quelques observations.

— Dans celle-ci, l'hallucination affecte le toucher seul :

CXV (292) M. J. C. Harris, Wellington, Nouvelle-Zélande, propriétaire du *New Zealand Times* et du *New Zealand Mail*.

6 juillet 1887.

« Ma femme avait un oncle, capitaine dans la marine marchande, qui l'aimait beaucoup ; lorsqu'elle était enfant, et souvent, lorsqu'il était chez lui, à Londres, il la prenait sur ses genoux, et lui caressait les cheveux. Elle partit avec ses parents pour Sydney, et son oncle continua son métier dans d'autres parties du monde.

Environ trois ou quatre ans plus tard, elle était montée s'habiller pour dîner : elle avait défait ses cheveux ; tout d'un coup, elle sentit une main se poser sur le sommet de sa tête et caresser rapidement ses cheveux, jusqu'à ses épaules. Effrayée, elle se retourna et dit : « Oh ! mère, pourquoi me faire peur ainsi ? » Car elle croyait que sa mère voulait lui faire une niche. Il n'y avait personne dans la chambre. Lorsqu'elle raconta l'incident à table, un ami superstitieux leur conseilla de prendre note du jour et de la date.

On le fit. Un peu plus tard, arriva la nouvelle que son oncle William était mort ce jour-là ; si l'on tient compte de la différence de longitude c'était à peu-près l'heure à laquelle elle avait senti la main se poser sur sa tête. »

Voici le récit de M*me* Harris elle-même :

Hill Street, Wellington, Nouvelle-Zélande.

5 décembre 1855.

« Je regrette vivement qu'il ne soit pas en mon pouvoir, tout désireux que nous soyons d'aider, si peu que ce soit, la cause de la science, de vous fournir une confirmation du récit de mon mari. Des amies que j'avais alors, une seule vit encore et elle habite dans le Queensland. Nous n'avons pas considéré les notes prises alors comme assez importantes pour être gardées ; et nous n'avons ni lettres de faire part, ni annonce de décès. Par conséquent, mon récit ne peut, je le comprends, avoir une grande valeur, puisqu'aucun témoignage ne vient le confirmer. Toutefois, pour vous être agréable, je vous envoie mon récit, bien assurée que vous le considérerez comme authentique.

Le fait a eu lieu, il y a si longtemps, que, bien que l'incident soit présent à ma mémoire, la date précise (qui n'a jamais été soigneusement prise) m'échappe.

C'était en 1860, au mois d'avril. J'étais alors jeune fille, j'étais debout devant ma toilette, dans ma chambre à coucher, arrangeant quelque détail de ma toilette.

Il était à peu près 6 heures du soir, et à cette époque de l'année, c'est déjà le crépuscule, lorsque, tout à coup, je sentis une main se poser sur ma tête, descendre le long de mes cheveux, et s'appuyer lourdement sur mon épaule gauche. Effrayée par cette caresse inattendue, je me retournais vivement pour reprocher à ma mère d'entrer sans bruit, quand, à ma grande surprise, je ne vis personne. Aussitôt, je pensai à l'Angleterre, où mon père était parti au mois de janvier précédent, et je pensai que quelque chose était arrivé, bien qu'il me fût impossible de rien définir.

Je descendis, et je racontai ma peur à ma mère. Dans la soirée, Mme et Mlle W... vinrent, et comme elles s'informaient des causes de ma pâleur, on les mit au courant de l'affaire. Mme W.... dit immédiatement : « Notez la date, et nous verrons ce qui aura lieu. » On le fit, et l'incident cessa de nous troubler, bien que ma famille attendît avec inquiétude la première lettre de mon père. Dans la première lettre que nous reçûmes, il nous raconta qu'à son arrivée en Angleterre, il avait trouvé son frère Henri gravement malade, mourant, à vrai dire. Dans mon enfance, j'étais sa préférée, et à sa mort, mon nom fut le dernier mot qu'il prononça.

En comparant les dates et en tenant compte de la différence de longitude, nous trouvâmes que l'époque de la mort de mon oncle coïncidait exactement avec celle de mon étrange impression. Je me rappelai aussi que mon oncle avait l'habitude de me caresser les cheveux. Ma mère, qui demeure avec moi, est la seule personne qui puisse confirmer l'histoire, et elle signe avec moi ce récit. »

Elisabeth HARRIS.
Elisabeth BRADFORD.

En réponse à nos questions, Mme Harris nous dit qu'elle n'a jamais eu d'autres hallucinations.

Dans le *Thame Gazette* et le *Oxford Chronicle*, nous voyons que l'oncle de Mme Harris mourut le 12 mai (et non avril) 1860, à l'âge de 51 ans.

L'observation suivante nous présente un cas d'hallucination tactile accompagnée d'hallucination visuelle :

C'XVIII. — Mme Randolph Lichfield, Cross Deeps Twickenham. Son mari n'a pu confirmer le récit par écrit parce que des douleurs dans la main l'empêchent d'écrire.

1883.

« J'étais assise dans ma chambre, un soir avant mon mariage, près d'une table de toilette, sur laquelle était posé le livre que je lisais : la table était dans un coin de la chambre, et le large miroir qui était dessus touchait presque le plafond, de sorte que l'image de toute personne qui se trouvait dans la chambre pouvait s'y refléter tout entière. Le livre que je lisais ne pouvait nullement affecter mes nerfs, exciter mon imagination. Je me portais très bien, j'étais de bonne humeur, et rien ne m'était arrivé, depuis l'heure où j'avais reçu mes lettres, le matin, qui eût pu me faire penser à la personne à laquelle se rapporte l'étrange impression que vous me demandez de raconter. J'avais les yeux fixés sur mon livre ; tout à coup je *sentis*, mais sans le *voir*, quelqu'un entrer dans ma chambre. Je regardai dans le miroir pour savoir qui c'était, mais je ne vis personne. Je pensais naturellement que ma visite, me voyant plongée dans ma lecture, était ressortie, quand, à mon vif étonnement, je ressentis un baiser sur mon front, un baiser long et tendre. Je levai la tête nullement effrayée, et je vis mon fiancé debout derrière ma chaise, penché sur moi, comme pour m'embrasser de nouveau. Sa figure était très pâle et triste au-delà de toute expression. Très surprise, je me levai, et, avant que j'aie pu parler, il avait disparu, je ne sais comment. Je ne sais qu'une chose, c'est que, pendant un instant, je vis bien nettement tous les traits de sa figure, sa haute taille, ses larges épaules, comme je les ai vus toujours, et le moment d'après, je ne vis plus rien de lui.

D'abord, je ne fus que surprise, ou pour mieux dire, perplexe. Je n'éprouvai aucune frayeur, je ne crus pas un instant que j'avais vu un esprit ; la sensation qui s'ensuivit fut que j'avais quelque chose au cerveau, et j'étais reconnaissante que cela n'eût pas amené une vision terrible, au lieu de celle que j'avais éprouvée, et qui m'avait été fort agréable. Je me rappelle avoir prié pour ne pas imaginer quelque chose de terrifiant.

Le lendemain, à ma grande surprise, je ne reçus pas ma lettre habituelle de mon fiancé ; quatre distributions eurent lieu, pas de lettre ; le jour suivant, pas de lettre. Je me révoltais naturellement à l'idée qu'on me négligeait, mais je n'aurais pas eu la pensée de le faire savoir au coupable, de sorte que je n'écrivis pas pour connaître la cause de son silence. Le troisième soir, — je n'avais pas encore reçu de lettre — comme je montais me coucher, ne pensant pas à R..., je sentis tout à coup et avec une grande intensité, dès que j'eus franchi la dernière marche, qu'il était dans ma chambre et que je pourrais le voir comme précédemment. Pour la première fois, j'eus peur qu'il ne lui fût arrivé quelque chose. Je savais fort bien combien serait grand, dans ce cas, son désir de me voir, et je pensais : « Serait-ce vraiment lui que j'ai vu l'autre nuit ? » J'entrai droit dans la chambre, sûre de le voir ; il n'y avait rien. Je m'assis pour attendre, et la sensation qu'il était là, essayant de me parler et de se faire voir, devint de plus en plus forte. J'attendis jusqu'à ce que je me sentisse si somnolente que je ne pouvais plus veiller ; j'allai me coucher et je m'endormis. J'écrivis par le premier courrier, le lendemain matin, à mon fiancé, lui exprimant ma crainte qu'il ne fût malade, puisque je n'avais pas reçu de lettre de lui depuis trois jours. Je ne lui dis rien de ce que je vous raconte. Deux jours après, je reçus quelques lignes horriblement griffonnées, pour me dire qu'il s'était abîmé la main à la chasse et qu'il n'avait pu tenir encore une plume, mais qu'il n'était pas encore en danger. Ce ne fut que quelques jours plus tard, lorsqu'il put écrire, que j'appris toute l'histoire.

La voici : il montait un cheval de chasse irlandais, une bête superbe, mais très vicieuse. Ce cheval était habitué à désarçonner quiconque le montait, s'il lui déplaisait d'être monté, et pour cela, il mettait en jeu une quantité de ruses, se débarrassant des grooms, des chasseurs, de n'importe qui, lorsque l'envie lui en prenait. Lorsqu'il vit que ni ses ruades, ni ses sauts, ni ses écarts ne pouvaient démonter mon fiancé, et qu'il avait trouvé son maître, il devint furieux. Il resta calme un moment, puis il traversa la route à reculons, se redressa tout droit en arrière et pressa son cavalier contre le mur. La pression et la douleur furent telles que R... pensa mourir ; il se rappelait d'avoir dit, au moment de perdre connaissance : « May ! ma petite May ! que je ne meure pas sans te revoir ! » Ce fut cette nuit-là qu'il se pencha sur moi et m'embrassa. Il ne fut pas aussi gravement blessé qu'il l'avait d'abord cru, quoiqu'il souffrît beaucoup et qu'il ne pût tenir une plume pendant longtemps. La nuit pendant laquelle je sentis si soudainement que j'allais le voir, et où ne le voyant pas, je sentis si bien qu'il était là, essayant de me le faire savoir, cette nuit même, il se tourmentait de ne pouvoir m'écrire, et il désirait ardemment que je puisse comprendre qu'il y avait un motif grave pour expliquer son silence.

Je racontai tout à ma mère (qui est morte depuis), tel que je l'ai raconté : et elle me conseilla de ne pas lui parler de son apparition jusqu'à ce qu'il fût tout à fait rétabli et que je puisse le faire personnellement. Lorsqu'il vint me voir un peu plus tard, je me fis raconter toute l'histoire, avant de lui parler de l'impression étrange que j'avais éprouvée pendant ces deux nuits.

Je viens de lui lire ceci, et il affirme que j'ai raconté exactement la part qu'il eut dans cette étrange affaire. »

Il est fâcheux que les deux personnes en question n'aient pas fait quelques tentatives de télépathie expérimentale.

Le cas suivant est d'un type plus rare ; les hallucinations de la vue et de l'ouïe, au lieu de se combiner en un même événement, ont été séparées par un invervalle de plusieurs heures.

CXXI (30?). M. Garling, 12, Westbourne Gardens, Folkestone.

Février 1883.

« Un jeudi soir, vers le milieu d'août, en 1849, j'allai, comme je le faisais souvent, passer la soirée avec le Rev. Harrisson et sa famille, avec laquelle, depuis bien des années, j'avais les rapports les plus intimes. Comme le temps était très beau, nous allâmes passer, avec les voisins, la soirée aux Surrey zoological Gardens. Je note ceci tout particulièrement, parce que cela prouve que Harrisson était incontestablement en bonne santé ce jour-là et que personne ne se doutait de ce qui allait arriver. Le lendemain, j'allai rendre visite à des parents, dans l'Hertfordshire, qui habitaient dans une maison appelée Flamstead Lodge, à 26 milles de Londres, sur la grand'route. Nous dînions d'habitude à 2 heures, et le lundi, dans l'après-midi suivante, lorsqu'on eut dîné, je laissai les dames au salon et je descendis, à travers l'enclos, jusqu'à la grand'route. Remarquez bien que nous étions au milieu d'une journée du mois d'août, avec un beau soleil, sur une grand'route fort large, où il passait beaucoup de monde, à cent mètres d'une auberge. J'étais moi-même parfaitement gai, j'avais l'esprit à l'aise, il n'y avait rien autour de moi qui pût exciter mon imagination. Quelques paysans étaient auprès de là, à ce moment. Tout à coup, un « fantôme » se dressa devant moi, si près, que si c'eût été un être humain, il m'eût touché, m'empêchant, pour un instant, de voir le paysage et les objets qui étaient autour de moi ; je ne distinguais pas complètement les contours de ce fantôme, mais je voyais ses lèvres remuer et murmurer quelque chose ; ses yeux me fixaient et plongeaient dans mon regard, avec une expression si sévère et si intense que je reculai et marchai à reculons. Je me dis instinctivement et probablement à haute voix : « Dieu juste ! c'est Harrisson ! » quoique je n'eusse pas pensé à lui le moins du monde à ce moment-là. Après quelques secondes, qui me semblèrent une éternité, le spectre disparut ; je restai cloué sur place pendant quelques instants, et l'étrange sensation que j'éprouvai fait que je ne puis douter de la réalité de la vision. Je sentais mon sang se glacer dans mes veines; mes nerfs étaient calmes, mais j'éprouvais une sensation de froid mortel, qui dura pendant une heure et qui me quitta peu à peu, à mesure que la circulation se rétablissait. Je n'ai jamais ressenti pareille sensation, ni avant, ni après. Je n'en parlai pas aux dames, à mon retour, pour ne pas les effrayer, et l'impression désagréable perdit de sa force graduellement.

J'ai dit que la maison était près de la grand'route ; elle était située au milieu de la propriété, le long d'un sentier qui mène au village, à 200 ou 300 mètres de toute autre maison ; il y avait une grille en fer, de sept pieds de haut devant la façade, pour protéger la maison, des vagabonds ; les portes sont toujours fermées à la nuit tombante ; une allée, longue de trente pieds, toute en gravier ou pavée, menait de la porte d'entrée au sentier. Ce jour-là, la soirée était très belle et très tranquille. Placée comme elle était, personne n'eût pu approcher de la maison, dans le profond silence d'une soirée d'été, sans avoir été entendu de loin. En outre, il y avait un gros chien dans un chenil, placé de manière à garder la porte d'entrée ; et, destiné surtout à avertir, dès que l'on entrait à l'intérieur de la maison, un petit terrier qui aboyait contre tout le monde et à chaque bruit. Nous allions nous retirer dans nos chambres, nous étions assis dans le salon, qui est au rez-de-chaussée, près de la porte d'entrée, et nous avions avec nous le petit terrier. Les domestiques étaient allés se coucher dans une chambre de derrière, à 60 pieds plus loin. Ils nous dirent, lorsqu'ils descendirent, qu'ils étaient endormis et qu'ils avaient été éveillés par le bruit.

Tout à coup, il se fit, à la porte d'entrée, un bruit si grand et si répété (la porte semblait remuer dans son cadre et vibrer sous des coups formidables) que nous fûmes tout de suite debout, tout remplis d'étonnement, et les domestiques entrèrent, un moment après, à moitié habillés, descendus à la hâte de leur chambre, pour savoir ce qu'il y avait. Nous courûmes à la porte, mais nous ne vîmes rien et n'entendîmes rien. Et les chiens restèrent muets. Le terrier, contre son habitude, se cacha en tremblant sous le canapé et ne voulut pas rester à la porte, ni sortir dans l'obscurité. Il n'y avait pas de marteau à la porte qui pût tomber, et il était impossible à qui que ce fût d'approcher ou de quitter la maison, dans ce grand silence, sans être entendu. Tout le monde était effrayé, et j'eus beaucoup de peine à faire coucher nos hôtes et nos domestiques ; moi-même, j'étais si peu impressionnable que je ne rattachai pas ce fait à l'apparition du « fantôme » que j'avais vu dans l'après-midi, mais que j'allai me coucher, méditant sur tout cela et cherchant quelque explication, bien qu'en vain, pour satisfaire mes hôtes.

Je restai à la campagne jusqu'au mercredi matin, ne me doutant pas de ce qui était arrivé pendant mon absence. Ce matin-là, je rentrai en ville et je me rendis à mes bureaux, qui étaient alors 11, Kings Road Gray's Inn. Mon employé vint à ma rencontre sur la porte et me dit : « Monsieur, un monsieur est déjà venu deux ou trois fois ; il désire vous voir de suite, il est sorti pour aller chercher un biscuit, mais il revient de suite. » Quelques instants après, ce monsieur revint ; je le reconnus pour un M. Chadwick, ami intime de la famille Harrisson. Il me dit alors, à ma grande surprise : « Il y a eu une terrible épidémie de choléra dans Wandsworth Road », voulant dire chez M. Harrisson ; « *tous sont partis* ». Mme Rosco est tombée malade le vendredi et est morte ; sa bonne est tombée malade le même soir et est morte ; Mme Harrisson a été atteinte le samedi matin et est morte le même soir. La femme de chambre est morte le dimanche. La cuisinière est aussi tombée malade ; elle a été emmenée hors de la maison, et il s'en est fallu de très peu qu'elle ne mourût aussi. Le pauvre Harrisson a été pris le dimanche, il a été très malade lundi et hier ; on l'a amené du lazaret de Wandsworth Road à Jack Straws' Castle à Hampstead, pour avoir un meilleur air ; il a supplié en grâce son entourage, lundi et hier, de vous envoyer chercher, mais l'on ne savait où vous étiez. Prenons vite un cab et venez avec moi, ou vous ne le verrez pas vivant. Je partis avec Chadwick à l'instant, mais Harrisson était mort avant que nous fussions arrivés. »

H.-B. GARLING.

La nécrologie du Watchman du 15 août 1849 indique que Mme Rosco est morte du choléra le 4 août, Mme Harrisson le 8 août, et le Rev. T. Harrisson le jeudi (non le mercredi) 9, à Hampstead.

En réponse à quelques questions, M. Garling nous dit :

Les dames étaient âgées et sont mortes, il y a quelque vingt-cinq ans. On a perdu la trace de tous les domestiques.

M. Garling ajouta quelques détails, dans la conversation que nous eûmes avec lui. L'apparition qu'il rencontra sur la grand'route était si près de lui qu'il n'observa, en détail, que la figure. Il a eu une autre hallucination. Il a cru voir la figure de l'un de ses amis, au pied de son lit ; mais il venait d'assister à l'enterrement de cet ami, qui avait, de plus, l'habitude de s'asseoir à la place où apparut la « vision », et M. Garling s'endormait à ce moment-là. Cette hallucination ne peut pas prouver une tendance aux hallucinations subjectives.

L'observation qui précède est remarquable à plus d'un titre. Mais ce qui la rend pour nous particulièrement précieuse, c'est qu'elle contient une sorte de témoignage assez rare, et dont il semble que l'on n'ait pas jusqu'ici apprécié toute l'importance : c'est le témoignage des animaux. Nous nous bornons à le signaler à l'attention du lecteur, nous proposant de revenir plus loin sur ce sujet.

D. — Hallucinations télépathiques réciproques

Voici une classe d'hallucinations véridiques, très curieuses et très importantes, en ce qu'elles semblent restreindre encore la possibilité d'une coïncidence fortuite, l'annuler presque, et aussi parce que c'est par elles que l'on pourra probablement arriver à élucider les conditions et le mécanisme de ces phénomènes. Mais, pour cela, il faudra posséder un nombre d'observations exactes, qui est loin encore d'avoir été atteint.

Ici, le «sens du courant», qui semblait nettement indiqué, de l'agent au sujet, n'existe plus ; chacune des deux parties est, à la fois, sujet et agent : elles s'apparaissent mutuellement l'une à l'autre.

Comme les cas de cette nature sont très rares, nous nous en tiendrons au suivant, que nous empruntons toujours au même ouvrage :

CXXV (304). M. J. T. Milward Pierce Bow Ranche, Knox County, Nebraska (Etats-Unis).

Frettons, Danbury, Chelmsford.

5 janvier 1883.

« J'habite dans le Nebraska (Etats-Unis), où j'ai un élevage de bétail, etc. Je dois épouser une jeune personne qui habite Yankton Dakota, à 25 milles au nord.

Vers la fin d'octobre 1884, pendant que j'essayais d'attraper un cheval, je reçus un coup de sabot dans la figure, et il ne s'en fallut que d'un pouce ou deux que je n'eusse le crâne brisé ; j'eus cependant deux dents cassées et je reçus un rude coup dans la poitrine. Plusieurs hommes se tenaient auprès de moi. Je ne perdis pas connaissance un seul instant, car il fallait se garder d'une seconde ruade. Il s'écoula un moment, avant que quelqu'un ne parlât. Je m'appuyais contre le mur de l'écurie, lorsque je vis, à ma gauche, la jeune personne dont j'ai parlé. Elle était pâle. Je ne fis pas attention à son costume, mais je fus frappé de l'expression de ses yeux : c'était une expression de trouble et d'anxiété. Ce n'était pas seulement son visage que je voyais, mais sa personne tout entière, une forme parfaitement matérielle, qui n'avait rien de surnaturel. A ce moment, mon fermier me demanda si je m'étais fait mal. Je tournai la tête pour lui répondre, et lorsque je regardai de nouveau, l'ombre avait disparu. Le cheval ne m'avait pas fait grand mal, ma raison était parfaitement saine, car, tout de suite après, je rentrai dans mon bureau et je dessinai le plan et j'établis le devis d'une nouvelle maison, travail qui nécessite un esprit très dégagé et très attentif. Je fus tellement obsédé par le souvenir de cette apparition que, le lendemain matin, je partis pour Yankton. Les premières paroles que la jeune fille me dit, lorsque je la vis, furent : « Mais je vous ai attendu, hier, toute l'après-midi. J'ai cru vous voir, vous étiez très pâle et votre figure était toute en sang. » (Je puis dire que mes contusions n'avaient pas laissé de traces visibles). Je fus très frappé de cela et lui demandai quand elle avait cru me voir. Elle dit : « Immédiatement après le déjeuner. » L'accident avait eu lieu juste après mon déjeuner. Je notai les détails. Je dois dire qu'avant d'arriver à Yankton, j'avais peur que quelque accident ne fût arrivé à la jeune fille. Je serai heureux de vous envoyer de plus amples détails, si vous le désirez. »

Jno. T. Milward PIERCE.

En réponse à quelques questions, M. Pierce nous dit :

Je crois que la vision dura un quart de minute.

Il n'a pas eu d'autre hallucination visuelle, sauf une fois où, étendu à terre d'un coup de feu qu'un Indien lui avait tiré dans la mâchoire, il crut voir un Indien se pencher sur lui ; il pense que ce n'était pas un Indien en chair et en os, parce que, dans ce cas, il eût été scalpé.

M. Pierce nous écrivit le 27 mai 1885 :

« J'ai envoyé votre lettre à la personne en question, mais je n'ai pas reçu de réponse avant de quitter l'Angleterre, et, à mon arrivée, j'ai trouvé la jeune fille très malade, et ce n'est que récemment que j'ai pu obtenir les détails que vous désirez. Elle désire que je dise qu'elle se rappelle aussi m'avoir entendu, craignant que quelque chose ne me fût arrivé ; ce n'était pas cependant le jour où j'allais la voir d'habitude ; mais, bien qu'à cette époque, elle m'eût dit qu'elle m'avait vu avec la figure en sang, maintenant elle ne semble plus s'en souvenir, et je ne lui en ai rien dit, afin de ne pas l'influencer. »

Dans une lettre du 13 juillet 1885, M. Pierce nous dit :

« Je regrette de ne pouvoir faire mieux. Il semble que des événements très importants et la maladie aient fait oublier presque complètement l'incident à Mlle Mac Gregor, qui n'y attachait pas une grande importance au début. J'ai aidé sa mémoire, mais elle dit que, sans doute, j'ai raison, mais qu'elle ne peut plus maintenant se souvenir de rien. »

Lettre de Mlle Mac Gregor :

Yankton, D. T. 13 juillet 1885.

« J'ai lu la lettre que vous avez envoyée à M. Pierce. J'ai peur de ne pouvoir me rappeler les choses assez clairement pour vous donner des détails exacts. Je me rappelle que j'ai senti que quelque accident était survenu, mais je racontais à M. Pierce alors tout ce qui m'arrivait d'anormal, et les événements qui sont survenus ont, je le crains, effacé de mon esprit tout souvenir des faits. »

Annie Mac Gregor.

Les restrictions de la jeune fille, bien que fâcheuses, ne sauraient cependant affaiblir le témoignage d'un homme qui semble avoir un esprit très positif et beaucoup de sang-froid.

Les *Phantasms* contiennent une douzaine de cas analogues d'hallucinations réciproques.

E. — Hallucinations télépathiques collectives

Les images hallucinatoires *identiques* qui affectent à la fois plusieurs sujets, autrement dit les hallucinations collectives *ordinaires*, sont relativement assez fréquentes, et « les illusions de la vue et de l'ouïe se sont même plusieurs fois montrées sous la forme épidémique ; les histoires en contiennent un grand nombre de faits (1). »

Mais les hallucinations *véridiques*, impressionnant à la fois deux ou plusieurs sujets, sont très rares.

Et ici deux interprétations du phénomène sont possibles.

---

(1) Brierre de Boismont : *Hallucinations*, p. 124, 489, etc.

On peut admettre que l'agent A impressionne, à distance, chacun des deux sujets B et C, ou bien qu'il impressionne le seul B et que celui-ci transmet l'action télépathique à C ; en d'autres termes, qu'il y a *contagion de l'hallucination*. C'est cette contagion qui, dans les cas ordinaires, produit les épidémies d'hallucinations dont parle Brierre de Boismont. Ce qui semblerait indiquer que, dans les hallucinations véridiques collectives, il y a réellement contagion, c'est que, très souvent, l'hallucination a été partagée « par une personne »*tout à fait étrangère* à l'agent et que, d'autre part, il est »fort rare que des personnes, étroitement liées avec »l'agent les unes et les autres, éprouvent, au même mo- »ment, la même hallucination, *si elles ne sont pas ensem-* »*ble* (1) ».

Pourtant, nous allons citer un cas choisi parmi ceux où les deux sujets B et C ont été impressionnés séparément.

CXXXI (36). M. John Done, Stockley Cottage, Stretton.

« Ma belle-sœur, Sarah Eustance, de Stretton, était à l'agonie et ma femme était partie de Lowton Chapel, où nous demeurions (à 12 ou 13 milles de Stretton), pour la voir et l'assister à ses derniers moments. La nuit avant sa mort (environ 12 ou 14 heures avant qu'elle mourût), je dormais seul dans ma chambre ; je me réveillai, j'entendis distinctement une voix qui m'appelait. Je pensai que c'était ma nièce Rosanna, qui habitait seule avec moi la maison ; je crus qu'elle était effrayée ou malade. J'allai donc à sa chambre, et je la trouvai réveillée et agitée. Je lui demandai si elle m'avait appelé. Elle répondit : « Non, mais quelque chose m'a réveillée ; j'ai entendu quelqu'un appeler. »

---

(1) *Hallucinations télépathiques*, p. 344.

Lorsque ma femme revint, après la mort de sa sœur, elle me dit combien elle avait désiré me voir. Elle demandait qu'on envoyât me chercher; elle disait : « Oh ! comme je désire voir Done encore une fois ! » Bientôt après, elle ne put plus parler. Ce qu'il y a d'étrange, c'est qu'au moment même où elle me demandait, moi et ma nièce, nous l'avons entendue appeler. »

John Done.

M. Done s'exprime ainsi dans une lettre ultérieure :

« Pour répondre aux questions que vous m'avez faites, sur la voix ou l'appel que j'ai entendu dans la nuit du 3 juillet 1866, je dois vous expliquer qu'une sympathie et une affection puissantes existaient entre ma belle-sœur et moi ; nous avions l'un pour l'autre les sentiments d'un frère et d'une sœur. Elle avait la coutume de m'appeler « oncle Done » comme un mari appelle sa femme « mère » quand il y a des enfants dans la famille, ce qui était le cas. Or, comme je m'entendais appeler : oncle, oncle, oncle ! je supposai que c'était ma nièce qui m'appelait; c'était la seule personne qui fût, cette nuit-là, à la maison. »

Copie de la lettre de faire part (*funerald card*) :

« En souvenir de feue Sarah Eustance, morte le 3 juillet 1866, âgée de quarante-cinq ans, et enterrée à l'église de Stretton, le 6 juillet 1866. »

« Ma femme, qui était partie, le dimanche en question, de Lowton, pour voir sa sœur, peut attester que la nuit où elle était auprès de Sarah (après le départ du pasteur), Sarah désirait me voir et me demandait avec insistance, répétant à plusieurs reprises : « Oh ! que je voudrais voir oncle Done et Rosie, encore une fois avant de m'en aller. » Bientôt après, elle perdit conscience ou du moins elle ne parla plus ; elle mourut le lendemain. Je n'appris cela qu'au retour de ma femme, le soir du 4 juillet.

J'espère que ma nièce voudra bien témoigner de l'exactitude des faits. Je puis, en tous cas, affirmer qu'elle m'a dit qu'elle croyait que je l'appelais et qu'elle allait venir auprès de moi, lorsqu'elle m'a rencontré dans le couloir ; je puis affirmer aussi que je lui ai demandé si elle m'avait appelé.

Je ne me rappelle pas avoir jamais entendu une autre voix ou un autre appel. »

Le 7 août 1885, M. Done nous a écrit ce qui suit :

Comme ma femme est malade et affaiblie, elle me dicte la déclaration suivante :
« Moi, Elisabeth Done, femme de John Done et tante de Rosanna Done (à présent Sewil), je certifie que, le 3 juillet 1886, j'assistai ma sœur agonisante, Sarah Eustance, à Stretton, à douze milles de ma maison à Lowton Chapel, Newton-le-Willows. Pendant la nuit qui précéda sa mort, elle me sollicitait sans cesse d'envoyer chercher mon mari et ma nièce, parce qu'elle désirait les voir encore une fois avant de s'en aller pour toujours. Elle disait souvent : « Oh ! combien je voudrais que Done et Rosie fussent ici ! oh ! comme je voudrais voir l'oncle Done ! » Bientôt après, elle perdit la parole et sembla rester sans conscience ; elle mourut le lendemain ».
Elisabeth Done.

M. Done ajoute :

« En pensant, parlant et écrivant sur cet étrange incident, je me suis resouvenu de plusieurs détails ; en voici un : Le lendemain du jour où j'entendis la voix qui m'avait appelé, je restai inquiet. J'avais le pressentiment que ma chère belle-sœur était morte, et je sortis vers le soir pour voir arriver un train à Newton-Bridge, car il me semblait que ce train devait ramener ma femme, *si sa sœur était morte, comme je m'y attendais.* »

N.-B. — Nous étions convenus qu'elle resterait à Stretton, pour soigner Mme Eustance, jusqu'au dénouement fatal ou jusqu'à sa convalescence.
Je rencontrai ma femme à quelques centaines de yards de la station, et je devinai, d'après l'expression de ses traits, que mes suppositions étaient vraies. Elle me raconta les détails de la mort de sa sœur. Elle me dit combien elle *avait désiré* voir Rosanna et moi. Je lui racontai alors que, *dans le courant de la nuit précédente*, une voix nous avait appelés, qui ressemblait à la sienne ; en même temps, ma femme me dit que Mme Eustance avait bien souvent répété nos noms, dans la nuit précédente, avant de perdre conscience. »

Voici de quelle manière la nièce confirme ce récit:

11, Smithdown Lane, Paddington, Liverpool, 21 août 1885.

« Sur la demande de mon oncle et la vôtre, je vous écris pour confirmer l'assertion de mon oncle, au sujet de la voix que j'ai entendue. Sans cause apparente, je fus subitement réveillée et j'entendis une voix qui m'appelait distinctement ainsi : « Rosy, Rosy, Rosy ! » Je pensai que mon oncle m'appelait, je me levai et je sortis de la chambre, mais je rencontrai mon oncle qui venait voir si, moi, je l'appelais. Nous étions seuls à la maison, cette nuit-là : ma tante était partie pour soigner sa sœur. C'est dans la nuit du 2 au 3 juillet que je me suis entendu appeler ; je ne peux pas dire à quelle heure, mais je sais que le jour commençait à poindre. Je ne me suis jamais entendu appeler auparavant, ni depuis.

Rosanna SEWILL. »

Citons à présent un autre cas d'hallucination nettement télépathique, et où l'on peut croire qu'il y a eu contagion. Il s'agit d'une hallucination auditive.

CXLV (340). Ce récit nous a été fourni par le Rev. W. Stainton Moses, ami intime de l'agent. Il a été revu par ses parents qui ont éprouvé l'hallucination. Ils l'ont déclaré exact.

1881.

« Il y a deux ans environ, W. L... quitta l'Angleterre pour l'Amérique. Neuf mois après, il se maria ; il espérait amener sa femme dans son pays, pour la présenter à sa mère qu'il aimait tendrement. Le 4 février, il tomba malade subitement ; il mourut le 12 du même mois, vers 8 heures du soir. Cette nuit-là, environ trois quarts d'heure après que les parents étaient allés se coucher, la mère entendit clairement la voix de son fils lui parler ; son mari, qui entendit aussi cette voix, demanda à sa femme si c'était elle qui parlait. Ni l'un ni l'autre ne s'étaient endormis, et elle répondit : « Non, reste tranquille ! » La voix continua : « Comme je ne puis venir en Angleterre, mère, je suis venu te voir. » Les deux parents croyaient, en ce moment, leur fils en bonne santé en Amérique, et attendaient chaque jour une lettre annonçant son retour à la maison. Ils prirent note de cet incident qui les avait beaucoup frappés, et lorsqu'une quinzaine de jours plus tard, la nouvelle de la mort du fils arriva, ils virent qu'elle correspondait avec la date à laquelle la voix de « l'esprit » avait annoncé sa présence en Angleterre. La veuve déclara que les préparatifs de départ étaient presque terminés à ce moment-là, et que son mari était très désireux d'aller en Angleterre voir sa mère».

On pourrait faire rentrer dans les cas d'hallucinations collectives ceux où figurent les animaux. A notre avis, le témoignage de ces derniers a été trop négligé jusqu'ici. Recueilli dans de bonnes conditions de contrôle, il pourrait être de la plus haute importance. Or, les observations où est décrite la façon dont les animaux (chiens, chevaux) ont réagi devant une apparition sont assez rares et ne présentent pas toutes les garanties désirables d'exactitude.

Malgré le vif désir que nous aurions de continuer ces citations, persuadé qu'en ces matières, où les preuves expérimentales font à peu près défaut, le seul espoir de convaincre est d'accumuler les documents, nous nous voyons forcé de nous en tenir à ces quelques cas des diverses hallucinations véridiques.

Et maintenant, comment interpréter ces faits étranges?

Les Sciences Occultes, qui de tout temps en ont affirmé la réalité, expliquent les apparitions et les actions à distance par l'existence, dans l'homme, d'un 3e principe, le *Corps astral*, sorte d'intermédiaire entre l'Ame et le Corps organique. Ce Corps astral pourrait revêtir la forme du corps organique, en être comme un *double fluidique*, et c'est ce *double* que l'Initié, par le seul fait de sa volonté exaltée, pourrait projeter à distance. Après la mort, le Corps astral survivrait quelque temps, avant d'être dissous à son tour, et c'est lui qui constituerait les diverses apparitions (1).

Comme on a pu s'en apercevoir dans les pages précédentes, la tendance de la Science moderne est de refuser toute réalité objective au fantôme. Pour elle, il s'agit surtout de l'action à distance d'un cerveau sur un autre cerveau, et non de la projection d'un *double*. Si A voit l'image de B, c'est que B impressionne le cerveau de A, de façon à ce que celui-ci *crée de toutes pièces* l'image de B.

C'est donc une suggestion mentale produisant une image hallucinatoire (2).

Nous n'insistons pas sur les objections très fortes que l'on peut faire à cette théorie.

S'il était démontré, par exemple, que les animaux perçoivent l'apparition, comment admettre la possibilité d'une suggestion hallucinatoire chez ces êtres, qui sont si difficilement influencés magnétiquement par l'homme ?

Persuadé qu'en ce moment tout essai de théorie explicative de ces phénomènes ne saurait être que de la spéculation vague, échafaudée sur des hypothèses, nous nous en tiendrons au simple récit des faits que nous venons d'exposer, heureux si nous avons pu convaincre de leur réalité.

Pourtant, avant d'en finir avec la Télépathie et la transmission de la pensée, nous voulons citer les paroles suivantes prononcées, en 1891, par le Professeur Lodge, au Congrès de l'Association britannique, pour l'avancement des Sciences :

---

(1) Voir Papus : *Traité de Science Occulte*. — Plytoff : *la Magie.* — Voir aussi Adolphe d'Assier : *Essai sur l'humanité posthume*.

(2) Voir, pour le mécanisme possible de cette suggestion : Ochorowicz : *Suggestion mentale*, p. 521.

«....En tout cas, ne conviendrait-il pas d'attendre de
»nouveaux faits, avant de nier la possibilité des phénomè-
»nes? La découverte d'un nouveau mode de communication
»par une action plus immédiate, peut être à travers
»l'éther, n'est nullement incompatible, il faut le dire,
»avec le principe de la conservation de l'énergie, ni avec
»aucune de nos connaissances actuelles, et ce n'est pas
»faire preuve de sagesse que se refuser à examiner des
»phénomènes, parce que nous croyons être sûrs de leur
»impossibilité. Comme si notre connaissance de l'univers
»était complète !

»Tout le monde sait qu'une pensée, éclose dans
»notre cerveau, peut être transmise au cerveau d'une
»autre personne, moyennant un intermédiaire convena-
»ble, par une libération d'énergie, sous forme de son
»par exemple, ou par l'accomplissement d'un acte mé-
»canique, l'écriture, etc. Un code convenu d'avance,
»le langage et un intermédiaire matériel de communica-
»tion sont les modes connus de transmission des pensées.
»Ne peut-il donc exister aussi un intermédiaire imma-
»tériel (éthéré peut-être)? Est-il donc impossible qu'une
»pensée puisse être transportée d'une personne à une
»autre, par un processus auquel nous ne sommes pas
»accoutumés et à l'égard duquel nous ne savons rien
»encore? Ici, j'ai l'évidence pour moi. J'affirme que j'ai
»vu et je suis parfaitement convaincu du fait. D'autres
»ont vu aussi. Pourquoi alors parler de cela à voix basse,
»comme d'une chose dont il faille rougir? De quel droit
»rougirions-nous donc de la vérité (1) ?

---

(1) Lodge : *Les problèmes actuels des Sciences physiques*, in *Revue Scientifique* du 12 septembre 1891, p. 327.

DEUXIÈME GENRE

Lucidité ou clairvoyance

Qu'est-ce qu'un fait de *lucidité* ?
«C'est la connaissance, par un individu A, d'un phéno-
»mène quelconque, non percevable et connaissable par
»les sens normaux, en dehors de toute transmission men-
»tale, consciente ou inconsciente.»

C'est ainsi que Apollonius de Thyane *voit*, de Smyrne, l'assassinat de l'empereur Domitien à Rome, que Swedenborg *voit*, de Gothenbourg, l'incendie de Stockolm, que la duchesse de Gueldre, devenue religieuse, *voit*, dans son oratoire la bataille de Pavie et s'écrie : «Mon fils »de Lambesc est mort ! Le roi de France est prisonnier !»

Les faits de ce genre sont très nombreux dans l'histoire ; malheureusement, on ne peut admettre leur exactitude qu'avec les plus prudentes réserves.

Fidèle à notre système, nous ne parlerons ici que des résultats fournis, d'abord par une expérimentation aussi scientifique que possible, ensuite par des observations accompagnées de sérieuses garanties.

En rapprochant les deux définitions de la télépathie et de la clairvoyance, on voit qu'en réalité elles ont entre elles fort peu de différence.

La principale serait que, dans la *télépathie*, c'est l'influence d'un esprit qui semble impressionner un autre esprit semblable à lui, tandis que, dans la *clairvoyance*, l'esprit du sujet prendrait, de loin, *directement*, connaissance de certains faits qu'aucun autre esprit ne reflèterait.

Autrement dit, dans la *lucidité*, l'agent serait supprimé, le *sujet* existerait seul.

Et il doit arriver que l'on attribue à la télépathie des faits qui ne relèvent que de la lucidité, et, bien plus fréquemment, que l'on regarde comme dus à la lucidité des phénomènes produits par la télépathie.

En outre, dans bien des cas de prétendue clairvoyance, la suggestion involontaire de la part des assistants — qui connaissent, par exemple, les lieux que décrit le sujet, alors qu'il est censé ne les avoir jamais vus, — cette suggestion, mentale ou autre, intervient et détermine plus ou moins les réponses du «clairvoyant».

En réalité — l'on s'en convaincra, en lisant avec attention le travail de Mme Sidgwick sur la lucidité,— la démarcation entre ces divers phénomènes est très difficile à préciser.

Aussi, les cas de lucidité authentique sont-ils beaucoup plus rares que ceux de télépathie, et la certitude est-elle ici encore plus malaisée à acquérir.

Occupons-nous d'abord — comme de juste — des expériences.

Les plus sérieuses sont celles de M. Richet; on en trouvera le détail dans la «*Relation de diverses expériences sur la transmission mentale, la lucidité et autres phénomènes non explicables par les données scientifiques actuelles.*»

M. Richet enferme des dessins dans une enveloppe opaque, et il les fait ensuite décrire ou même reproduire par une somnambule. Dans certains cas, les personnes présentes n'avaient aucune notion des dessins. Sur 180 expériences de ce genre, 30 ont plus ou moins réussi. D'après M. Richet, «cela indique la moyenne des jours de »lucidité soit pour Alice, soit pour Eugénie. Ce n'est qu'un »jour sur six qu'elles ont des éclairs de lucidité, et encore,

»ce jour-là même, cette lucidité est des plus variables et
»des plus incertaines.»

On voit avec quelle réserve l'habile expérimentateur se prononce. Nous citerons pourtant, tout à l'heure, des expériences connexes de celles-ci et qui lui ont donné de bien singuliers résultats : il s'agit de la vision et de la description, par une somnambule, des états morbides d'une personne étrangère.

Mme Sidgwick a repris les expériences de M. Richet sur la clairvoyance, et elle est parvenue à démontrer, d'une façon presque certaine, la réalité de la lucidité. Comme ces expériences sont fort importantes, nous les citons tout au long, d'après Mme Sidgwick (1).

Expériences de Mme Sidgwick

Je voudrais exposer brièvement une série d'expériences conduites par une de mes amies, qui sont assez encourageantes, à mon avis, pour engager d'autres personnes à essayer d'obtenir des résultats identiques.

Ces expériences consistent simplement à deviner des cartes extraites d'un paquet, sans qu'elles aient été vues par personne. Mon amie a fait environ 2,585 expériences de ce genre, et, dans 187 cas, elle a deviné les cartes exactement, à la fois selon leur nom et leur nombre de points. Pourtant, dans 75 de ces cas, il a fallu faire deux essais (comme, par exemple, pour savoir si c'était le trois de cœur ou le trois de pique). En comptant ces cas comme demi-succès, nous arri-

---

(1) Voir les *Annales des Sciences Psychiques*, n° 3 (1re année).

vons à un total de 149 succès, trois fois plus grand que le nombre que le calcul des probabilités attribue au hasard.

Toutes les expériences mentionnées plus haut ont été faites alors qu'elle était entièrement seule.

Elle est si habituée à être seule que toute compagnie la trouble, dans tous les genres de travaux qui exigent de la concentration mentale.

C'est pourquoi il n'est pas surprenant que les expériences que nous avons faites ensemble, dans des conditions de grande agitation ou d'excitation relativement ordinaire, n'aient pas réussi. Nous ne désespérons pas, cependant, de réussir dans l'avenir. Seulement, en attendant, nous souhaitons que d'autres se livrent à ces expériences et nous en fassent part, au cas où quelque clairvoyance aurait été constatée : les expériences de ce genre semblent être un moyen de prouver son existence.

D'un autre côté, il est possible que les expériences d'autres personnes expliquent les résultats obtenus par mon amie et les rattachent à des causes connues, ce que nous déclarons ne pouvoir faire.

Par conséquent, dans l'état présent de nos connaissances il est impossible de déterminer le rôle que joue, dans la réussite, le tempérament de l'expérimentateur, mais si, comme certains le pensent, la transmission de la pensée, ou plutôt la lecture par l'esprit, est seulement une forme plus élevée de la clairvoyance.

Dans le but d'aider les personnes qui voudraient se livrer à ces expériences, je vais décrire la manière d'opérer de mon amie. Elle extrait une carte d'un paquet, au hasard, et à mesure les installe devant elle sur la table et les met en un tas compact. Le jeu de cartes est toujours battu. Au début, elle avait continué de prendre chaque carte dans sa main et de la regarder à l'envers, mais il lui vint à l'esprit qu'en opérant ainsi, il lui était peut-être possible, d'une façon inconsciente, de reconnaître les cartes par le revers, et c'est pour cette raison qu'elle substitue à la carte un morceau de carton blanc, comme un objet destiné à fixer ses regards. De cette façon, elle voyait, non pas la véritable carte, mais quelque chose qui lui ressemblait et qui devait l'inspirer dans son expérience (de dénomination). Elle est d'avis qu'on doit éviter de se servir deux fois de suite du même morceau de carton blanc, en raison de la *persistance de l'image*. Cette façon de procéder n'est pas indispensable à la bonne réussite. Elle pense, en somme, que cela aide au succès ; mais, si elle agit ainsi, c'est en raison de la trop grande fatigue qui se produit, quand les yeux fixent trop longtemps quelque chose. Elle a fait chaque fois environ 30 expériences, tantôt plus, tantôt moins.

Pour ce qui concerne les conditions dans lesquelles doivent se trouver l'esprit et le corps, au moment où l'on expérimente, mon amie a peu de choses à dire. Elle est incapable d'indiquer clairement le rapport qu'il y a entre les réussites et certaines conditions de santé ou de dispositions au travail. Elle pense, cependant, qu'elle ne peut pas réussir immédiatement après le repas. Un état d'esprit, exempt de tout souci, semble la condition favorable ; c'est ce qu'elle a remarqué dans ses expériences.

Dans les nombres donnés plus haut, nous avons compris toutes les expériences faites du 29 mai au 4 septembre 1889 ; mais le total de 2,585 est seulement approximatif, parce que le registre qui contenait un certain nombre d'expériences infructueuses a été détruit au début. Ce n'est que plus tard que mon amie pensa qu'il était important de les noter toutes. Elle a des raisons pour penser que 80 expériences au moins ont été ainsi perdues, et c'est ce nombre de 80 que nous avons supposé.

M. Dariex a raison de dire que « si l'expérience avait été »faite, non pas avec les mêmes jeux de cartes, mais avec »des jeux neufs ou renouvelés, la clairvoyance serait »absolument démontrée d'une manière irréprochable. »

Venons-en maintenant aux cas de lucidité spontanée.

Sans remonter loin dans le passé, on trouve, dans les ouvrages des premiers auteurs qui ont écrit sur l'hypnotisme, des exemples de somnambules *voyant* à distance dans le présent, et même dans le passé, toutes sortes d'événements : des scènes de meurtre, par exemple, les reconstituant, aidant à trouver le coupable ; d'autres indiquent la place où l'on retrouvera des objets perdus, les trouvent eux-mêmes, sans aucune hésitation, etc., etc.

Actuellement même, il existerait, paraît-il, un médecin de campagne qui, par l'intermédiaire d'un sujet merveilleux, saurait, sans sortir de chez lui, de quelles maladies sont atteints les clients qui demandent son aide ; il emporterait ainsi les remèdes que, d'avance, il saurait leur être nécessaires...

Par malheur, toutes ces observations manquent de contrôle. Il n'en est pas ainsi de celles qu'a réunies, dans sa consciencieuse étude, Mme Henry Sidgwick (1). Ici, les documents ont été soumis à une critique éclairée et confirmés par des témoignages aussi précis et aussi nombreux que possible. Et de cette analyse vraiment scientifique, il ressort, comme nous le disions plus haut, que les cas de lucidité ou de clairvoyance véritable doivent être infiniment rares. Dans un grand nombre de circonstances, en effet, on attribue à la lucidité ce qui, en réalité, est le fait soit de la télépathie, soit de suggestions involontaires de la part des assistants, soit enfin d'auto-suggestions chez le sujet. Nous répétons d'ailleurs que le départ à faire entre ces diverses causes possibles est très délicat, très malaisé.

Pour fixer les idées, disons encore une fois que le problème de la véritable lucidité se pose ainsi :

Est-il possible à un sujet, dans l'état de veille ou dans

---

(1) Voir *Annales des Sciences Psychiques*, 1re année, n° 5 et suivants. — Mme Henry Sidgwick; *Essai sur la preuve de la clairvoyance.*

l'état de sommeil hypnotique, de décrire exactement des lieux qu'il n'a jamais vus, ou des événements qui se passent loin de lui, alors qu'*aucune des personnes* qui l'entourent ne connaît ni ces lieux ni ces événements?

Nous répondrons en citant l'observation suivante, empruntée au travail de Mme Sidgwick et qui nous paraît réaliser à peu près les conditions exigées (1) :

Un hypnotiseur, M. Hansen, possède un sujet, M. Balle, avec lequel il tente des expériences de lucidité. Voici, d'après Mme Sidgwick, les documents relatifs à deux de ces expériences.

Notre mère, disent les frères Suhr, habitait, à cette époque, Rœskilde, en Seeland. Nous demandâmes à Hansen d'envoyer Balle la visiter. Il était tard, dans la soirée, et, après avoir un peu hésité, M. Balle fit le voyage en quelques minutes. Il trouva notre mère souffrante et au lit ; mais elle n'avait qu'un léger rhume qui devait passer au bout de peu de temps. Nous ne croyions pas que ceci fût vrai, et Hansen demanda à Balle de lire, au coin de la maison, le nom de la rue. Balle disait qu'il faisait trop sombre pour pouvoir lire ; mais Hansen insista, et il lut: « Skomagers traede ». Nous pensions qu'il se trompait complètement, car nous savions que notre mère habitait dans une autre rue. Au bout de quelques jours, elle nous écrivit une lettre dans laquelle elle nous disait qu'elle avait été souffrante et s'était transportée dans «Skomagers traede».

La soussignée V. B..., femme de Suhr, alors Miss Clara Wilhelmine Chrristensen, fut témoin d'une autre expérience.

« A cette époque, ma femme habitait, à Slora Goothaab, une grande ferme sur la route de Goothaab, près de Copenhague ; mais elle était allée à Odense voir un parent et M. Hansen et sa femme qui, comme

---

(1) Voir *Annales* n° 4, 2ᵉ année. On trouvera dans ce numéro plusieurs autres observations de ce genre.

je l'ai déjà dit, étaient alors établis à Odense. La séance eut lieu dans la pièce ci-dessus mentionnée.

Ma femme désira savoir ce qui se passait à Slora Goothaab, dans la maison de l'ingénieur des télégraphes Schjotz, avec la famille duquel elle habitait, et elle pria donc M. Hansen de faire à M. Balle des questions à ce sujet. Elle savait très bien qu'aucun d'eux n'était jamais allé à l'endroit en question. M. Hansen prit alors une lettre écrite par ma femme et la plaça sur le front de M. Balle hypnotisé, en disant : « Essayez de trouver l'endroit où habite l'auteur de cette lettre. » Balle : « C'est inutile, puisqu'elle est dans cette pièce. » Alors M. Hansen insiste fortement pour que Balle trouvât la maison et après avoir hésité un peu, d'abord parce qu'il fallait traverser l'eau (le Hora Balt), puis parce que, comme il le dit, lorsqu'il atteignit la route de Goothaab, « il fait si noir ici. » « Eclairez votre esprit et voyez », répondit Hansen ; et Balle continua à avancer : « M'y voilà », dit-il quelques instants après.

Hansen : « Que voyez-vous ? » — Balle : « Cela ressemble à un château. » — H... : « Entrez dans la maison. » — B... : « Il y a de grands escaliers. » — H... : « Très bien ! Maintenant il faut aller dans la chambre de la dame. » — B... : « Il n'y a personne. » — H... : « Pas un être vivant ? » » — B... : « Mais si ! un serin dans une cage. » — H... : » Où est-elle posée ? » — B... : « Sur une commode. »

Ma femme fit la remarque que ceci n'était pas exact, car la cage était toujours sur la fenêtre ; mais Balle persista à l'affirmer.

Il y avait quatre enfants dans la famille, et ma femme voulut savoir comment ils allaient.

— H... : « Allez chez la famille, et voyez comment vont les enfants. » — B... : « En voici deux au lit. » — H... : « Il faut en trouver d'autres. » Balle chercha beaucoup ; enfin il s'écria : « En voilà encore un ! Eh ! non, c'est une poupée », dit-il avec indignation, et il agita la main comme s'il rejetait quelque chose. En dépit de l'insistance de M. Hansen, M. Balle ne put trouver plus de deux enfants, mais il vit dans son lit une dame très malade, presque mourante. Ma femme savait que ceci était exact, c'était une Miss Mary Kruse... Elle était très malade quand ma femme avait quitté Copenhague, et le docteur ne croyait pas qu'elle pût vivre, car elle était phtisique au dernier degré. H... : « Comment va Miss Kruse ? » — B... : « Très mal. » — H... : « Mourra-t-elle ? » — B... : « Elle se rétablira. »

Lorsque ma femme revint à Slora Goothaab, elle ne dit rien de ce qui était arrivé, mais demanda à une autre sœur de M. Schjotz, Miss Caroline Kruse, si son serin avait toujours été bien portant, pendant son absence, et s'il avait toujours été à sa place accoutumée, excepté un soir où elle l'avait mis sur la commode pour le préserver du froid. Quant aux enfants, elle dit que deux d'entre eux, précisément le jour en question, étaient allés voir le frère de leur père, Schjotz, le manufacturier de tabacs, Kjöbmagergade-street, à Copenhague. La dame malade vit toujours et est depuis plusieurs années directrice d'une grande école de filles, dont on dit beaucoup de bien à Iredriksbergs Allé, près de Copenhague.

Ont signé en témoignage de la vérité du récit ci-dessus :
ANTON TILHELM SUHR, photographe.
Ystad (Suède), 30 août 1891.
VALDEMAR BLOCH SUHR, artiste dramatique et peintre.

En réponse à mes questions, M. Anton Suhr m'écrit sur une carte postale, datée du 9 octobre 1891 : « Les notes que vous avez sont un abrégé du procès-verbal (mon frère l'a eu en sa possession, et il l'a écrit pendant les expériences du clairvoyant) et exactement dans les mêmes termes. »

Alfred BAIKMAN.

Nous entendîmes parler, pour la première fois, de ce cas de clairvoyance, dit Mme Sidgwick, par M. Hansen, qui a eu l'amabilité d'écrire pour nous le récit suivant de ses propres souvenirs de cette circonstance, et nous a adressé à M. Anton Suhr, pour en avoir la confirmation. Il s'écoula quelque temps avant que nous n'ayons eu l'occasion de communiquer avec M. Suhr, en Suède.

13 mai 1889.

En causant avec le docteur A. J. Neyers, il m'arriva de mentionner un exemple de ce que je considère comme la clairvoyance indépendante. Le docteur Neyers me demanda alors de le mettre par écrit. C'est ce que je vais faire, et j'essaierai de raconter les faits avec autant de concision que possible, car je crois que ma mémoire les a fidèlement retenus ; si cependant je fais quelques erreurs, elles pourront être rectifiées par deux gentlemen présents, dans la circonstance, et dont je donne les noms.

En 1867, j'habitais Odense (Danemark), et je recevais souvent deux jeunes gentlemen, établis dans la ville comme photographes ; ils étaient frères, fils d'un fameux jardinier paysagiste et neveux d'un prédicateur alors en vogue, le R. Bloch Suhr, d'Helligertor Thurch, à Copenhague. L'aîné s'appelait Valdemar Bloch Suhr, le plus jeune Anton Suhr. En outre, je voyais souvent chez moi un jeune homme nommé Valdemar Balle, maintenant avocat à Copenhague.

A différentes reprises, j'avais hypnotisé M. Balle, mais j'avais seulement essayé de le mettre dans l'état hypnotique caractérisé par la léthargie et l'anesthésie, ou encore de produire des illusions ou des hallucinations ; au fait, les expériences avaient été plutôt faites pour l'amusement de mes deux amis, les frères Suhr, que dans un but de recherche. Cependant, M. Balle qui, à cette époque, étudiait et travaillait beaucoup, se sentait très reposé et fortifié après chaque sommeil magnétique, et me demandait parfois de l'endormir pendant peu de temps ; après quoi il était généralement très en train et prenait une part active à la conversation. Dans deux ou trois occasions, il donna, pendant son sommeil, des signes de clairvoyance ; j'ai oublié les détails : peut-être M. Bloch Suhr, qui a une excellente mémoire, se les rappelle-t-il. Cependant, j'ai conservé un souvenir très net de ce qui suit :

Un soir, quand j'eus hypnotisé M. Balle, et qu'il fut profondément endormi dans un fauteuil, l'aîné des frères Suhr me demanda d'essayer si Balle pourrait aller mentalement à Roskilde, ville de Seeland, à environ 75 ou 80 milles anglais, dont 16 milles de mer, et voir comment se portait la nièce de Suhr. J'y consentis et j'ordonnai à Balle d'aller à Roskilde Il y était d'abord peu disposé, il dit ensuite : « Me voilà à Nyborg (ville à 16 milles de distance) ; mais je n'aime pas à traverser l'eau : il fait si sombre ! » Je lui répondis de n'y point faire attention, mais de continuer jusqu'à Roskilde. Peu après il dit : « Je suis à Roskilde. » Ma réponse fut : « Eh bien ! alors, trouvez M. Suhr. » Un instant après, il dit qu'il se trouvait près du logis de Mrs. Suhr. Afin de vérifier si c'était exact, je lui demandai : « Où demeure-t-elle ? » Il donna le nom de la rue et, si j'ai bonne mémoire, dit que la maison était au coin.

Comme je ne connaissais ni Mrs. Suhr, ni son adresse, j'interrogeai du regard M. Suhr, pour lui demander si c'était exact, mais celui-ci hocha la tête et me fit signe que le clairvoyant se trompait. Je dis à Balle qu'il se trompait et qu'il fallait regarder de nouveau. Mais lui, d'un ton assez indigné, répliqua : « Je ne peux pas lire peut-être ? Le nom de la rue est écrit là, vous pouvez lire vous-même. » Je crois que ce nom était Skomagerstraede, mais je n'en suis pas sûr. Je me souviens, cependant, que les deux frères Suhr me dirent que ce n'était pas là la rue où habitait leur mère. Mais, comme le clairvoyant paraissait blessé que j'essayasse de le corriger, je n'insistai pas, et le priai d'entrer dans la maison et de voir si Mrs. Suhr se portait bien. Il y semblait d'abord peu disposé, et il donna pour excuse que la porte était fermée. Je lui dis d'entrer quand même. « Je suis entré », répondit-il ensuite, et alors je lui demandai: « Comment va Mrs. Suhr? » « Elle est au lit un peu souffrante ; mais sa maladie n'est pas grave ; ce n'est qu'un léger rhume. Elle pense à Valdemar : elle lui écrira une lettre dans laquelle elle lui parlera de trois choses. » Il cita trois choses relatives à des affaires. J'ai oublié ce que c'était. Je le réveillai alors, et les frères Suhr firent observer que les informations qu'il nous avait données n'avaient point de valeur, puisqu'elles contenaient une erreur complète, par rapport à l'adresse de leur mère, qui n'habitait pas là où Balle l'avait dit. Je crois que c'était deux jours après que Valdemar reçut de sa mère une lettre qui prouvait que M. Balle avait eu raison. Mrs. Suhr s'était transportée dans la maison que Balle avait indiquée pendant son état hypnotique, sans que ses fils en eussent aucune idée. Elle avait eu réellement un léger rhume et parlait de trois choses dont Balle avait fait mention, presque dans les mêmes termes qu'il avait employés.

Maintenant, je dois dire que ni M. Balle, ni moi, ne savions rien de Mrs. Suhr. Nous ne l'avions jamais vue ; aucun de nous n'était jamais allé à Roskilde, et nous ne connaissions pas le nom des rues de cette ville. Il me semble donc que, dans ce cas, il ne pouvait y avoir de télépathie, attendu que le clairvoyant ne pouvait lire une adresse dont nous n'avions aucune idée, et qui n'avait vraisemblablement pu entrer dans son cerveau par un souvenir inconscient. J'ai considéré le cas à tous les points de vue possibles, et il me semble que la découverte de la ville et de l'adresse sont de la clairvoyance pure, tandis que, à partir du moment où le clairvoyant est entré dans la chambre de Mrs. Suhr, il semble avoir lu dans sa pensée.

Carl. Hansen.

Le clairvoyant a mentionné, dans ce cas, dit Mme Sidgwick, trois faits déterminés, inconnus à tous ceux qui étaient présents et qu'il n'était guère probable de deviner : la rue dans laquelle habitait Mrs. Suhr, l'endroit où était le serin et l'absence des enfants. Et le dernier cas, tel qu'il est décrit, ressemble plus à de la clairvoyance indépendante qu'à aucune sorte de lecture de la pensée, car, si M. Balle avait reçu son information de l'esprit d'une personne de Slora Goothaab, on supposera qu'il aurait dit immédiatement : « Les autres enfants ne sont pas là ! », au lieu de les chercher mentalement dans la maison sans les trouver.

Nous pourrions, maintenant, donner plusieurs belles histoires où des somnambules lucides font des prodiges ; cela nous serait aisé, car ces histoires sont nombreuses... Nous préférons nous en tenir aux quelques observations que nous venons de rapporter : si elles manquent de pittoresque et d'intérêt émotionnel, elles ont, en revanche, de sérieuses garanties d'exactitude : cela suffit pour le but que nous nous proposons.

TROISIÈME GENRE

Pressentiment

Que devons-nous entendre, en Psychologie occulte, par *Pressentiment* ?

Suivant la définition de M. Richet, « c'est la prédiction »d'un événement plus ou moins improbable qui se réa- »lisera dans quelque temps et qu'aucun des faits actuels »ne permet de prévoir. »

On le voit, il ne s'agit plus ici de ces sensations internes, plus ou moins vagues, que l'on désigne vulgairement sous le nom de *pressentiments*.

C'est, au contraire, le sentiment très net, quelquefois la vision mentale d'un événement que le sujet affirme devoir se produire dans un avenir plus ou moins lointain. Ces pressentiments se manifestent, soit dans le sommeil somnambulique, soit, sous forme de *rêves*, dans le sommeil ordinaire. Ce sont alors des rêves *véridiques*, se produisant avant l'événement.

Ce qui rend l'opinion à se faire de ces phénomènes particulièrement malaisée, c'est qu'ici — on le comprend tout de suite — il ne saurait plus être question d'expériences.

Si, à la rigueur, on peut concevoir la possibilité d'une expérimentation quelconque en fait de pressentiments, en réalité, jusqu'ici, cette expérimentation n'a pas été instituée, et l'on est contraint, plus encore que pour les phénomènes précédents, de s'en tenir aux seules observations,

Or, si les histoires mirifiques de prédictions, de prophéties réalisées, abondent dans l'histoire du Merveilleux, en revanche, les cas accompagnés de garanties, sinon rigoureusement scientifiques, du moins sérieuses, sont très rares.

Il existe pourtant un curieux document, revêtu de tous les caractères d'authenticité désirables, et qui, si l'on était certain de l'absolue bonne foi des signataires, relaterait un des cas les plus remarquables d'hallucination collective prémonitoire.

C'est le récit, arrangé naguère par Mérimée, sous la forme de conte quasi fantastique, de la vision qu'eurent Charles XI, roi de Suède, son chancelier, deux de ses conseillers et son vaguemestre.

On nous permettra de le citer ici, ne fût-ce qu'à titre de curiosité :

« Moi, Charles XI, roi de Suède, dans la nuit du 16 au 17 septembre, je fus tourmenté plus que de coutume par ma maladie mélancolique. Je me réveillai à onze heures et demie, quand, ayant dirigé mes yeux par hasard vers ma fenêtre, je m'aperçus qu'il faisait une grande lumière dans la salle des Etats. Je dis au chancelier Bjelke, qui se trouvait dans ma chambre : « Qu'est-ce que cette lumière dans la salle des Etats ? Je crois qu'il y a le feu. » Mais, il me répondit : « Oh ! non, sire, c'est l'éclat de la lune qui brille contre les vitres des fenêtres. » Je fus content de cette réponse et je me retournai contre le mur pour prendre quelque repos, mais il y avait une grande inquiétude en moi ; je me retournai de nouveau et j'aperçus encore l'éclat des vitres. Je dis alors : « Il ne se peut pas que cela soit dans l'ordre. » Mon bien-aimé chancelier reprit : « Oui, c'est bien la lune. » Au même instant entra le conseiller Bjelke, pour prendre de mes nouvelles. Je demandai à cet excellent homme s'il savait que quelque malheur, tel qu'un incendie, se fût produit dans la salle des Etats. Il me répondit, après un silence : « Dieu merci, il n'y a rien ; seulement le clair de lune fait croire qu'il y a de la lumière dans la salle des Etats. » Je me tranquillisai un peu, mais, comme je regardais de nouveau du côté de la salle, il me parut qu'il y avait là des gens. Je me levai et mis une robe de chambre ; j'ouvris alors la fenêtre et je vis qu'il y avait dans la salle des Etats une quantité de lumières.

» Je dis alors : — Bons serviteurs, cela n'est pas dans l'ordre. Vous savez que celui qui craint Dieu ne craint rien autre au monde. Je veux aller voir là-dedans, pour savoir ce que cela peut être.

» J'ordonnai donc aux assistants de descendre chez le vaguemestre pour lui dire de monter les clefs. Quand il fut venu, j'allai vers le passage secret qui est au-dessous de ma chambre, à droite de la chambre à coucher de Gustave Ericson. Quand nous y fûmes, je dis au vaguemestre d'ouvrir la porte, mais par crainte, il me pria de lui faire la grâce de ne point l'exiger ; je priai alors le chancelier, mais lui aussi m'opposa un refus. Je priai alors le conseiller Oscenstiana, qui jamais n'eut peur de rien, d'ouvrir cette porte, mais il me répondit : — J'ai, une fois, juré d'exposer pour Votre Majesté mon corps et mon sang, mais non d'ouvrir cette porte.

» Alors, je commençai moi-même à me sentir confondu, mais, reprenant courage, je pris les clefs, j'ouvris la porte, et je trouvai que tout, dans le passage, était tendu de noir, même le parquet. Moi et toute la compagnie nous étions tout tremblants. Nous allâmes vers la porte des Etats. J'ordonnai de nouveau au vaguemestre d'ouvrir la porte, mais il me supplia de l'épargner ; je priai alors les autres personnes qui m'accompagnaient, mais ils me demandèrent la faveur de ne pas faire ce que je voulais. Je pris donc les clefs et ouvris la porte, et quand j'eus avancé le pied, je le retirai aussitôt en grande confusion. J'hésitai un instant, puis je dis : « Bons seigneurs, si vous voulez me suivre, nous verrons ce qui se passe ici, peut-être que le bon Dieu veut nous révéler quelque chose. » Ils me répondirent tous à voix basse : « Oui », et nous entrâmes.

» Nous vîmes une grande table, autour de laquelle étaient assis seize hommes d'un âge mûr et d'aspect digne, qui avaient devant eux chacun un grand livre et, au milieu d'eux, un jeune roi de seize, dix-sept ou dix-huit ans, la couronne sur la tête et le sceptre à la main.

» A sa droite était assis un seigneur de haute taille, de belle mine, qui pouvait avoir quarante ans : son visage respirait l'honnêteté, et il avait à ses côtés un homme de soixante-dix ans. Je remarquai que le jeune roi secouait plusieurs fois la tête, tandis que les hommes qui l'entouraient frappaient de la main sur les grands livres qui étaient devant eux. Je détournai les yeux, et je vis alors, près de la table, des billots et des bourreaux qui, les manches retroussées, coupaient une tête après l'autre, si bien que le sang commença à couler sur le plancher. Dieu m'est témoin que j'eus plus que peur. Je regardai à mes pantoufles si le sang venait jusque-là, mais il n'en était rien. Ceux qu'on décapitait étaient, pour la plupart, des gentilshommes. Je détournai les yeux, et je vis, dans un coin, un trône qui était presque renversé, et à côté se tenait un homme qui paraissait être le régent. Il était âgé d'environ quarante ans. Je tremblais et je frissonnais en me retirant vers la porte, et je criai : « Quelle est la voix du Seigneur que je dois entendre ? O Dieu ! quand tout cela doit-il arriver ? » Il ne me fut pas répondu, mais le jeune roi secoua plusieurs fois la tête, tandis que les hommes qui l'entouraient frappaient plus durement sur leurs livres. Je criai encore plus fort : « O Dieu ! quand cela doit-il arriver ? Fais-nous, ô Dieu, la grâce de nous dire comment il faudra alors nous comporter. »

« Alors, le jeune roi me répondit :

» — Cela ne doit pas arriver de ton temps, mais seulement au sixième souverain depuis ton règne, et il sera de l'âge et de la figure que tu me vois, et celui qui est là montre comment sera son tuteur, et le trône sera prêt d'être ébranlé, dans les dernières années de sa tutelle, par quelques jeunes nobles ; mais alors, le tuteur, qui précédemment avait persécuté le jeune roi, prendra sa tâche au sérieux, il raffermira le trône, si bien qu'il n'y aura jamais eu de plus grand roi en Suède que celui-ci, et il n'y en aura pas non plus de plus grand après, et que le peuple sera heureux sous son sceptre, et ce roi atteindra un âge extraordinaire, il laissera le royaume sans dettes et plusieurs millions dans le trésor. Mais avant qu'il soit affermi sur le trône, il y aura des ruisseaux de sang répandus, comme jamais auparavant en Suède, et jamais après. Laisse-lui, comme roi de Suède, de bons avis. »

» Quand il eut dit cela, tout disparut et il n'y eut plus que nous dans la salle avec nos lumières. Nous nous retirâmes dans le plus grand étonnement, comme tout le monde peut l'imaginer, et lorsque nous repassâmes par la chambre garnie de noir, cela aussi était parti et tout se trouvait dans l'ordre habituel. Nous retournâmes dans ma chambre, et aussitôt je m'assis pour consigner cet avertissement aussi bien que je le pus. Et tout ceci est vrai. Je l'affirme de mon serment, aussi vrai que Dieu me soit en aide».

CHARLES, *roi présent de Suède.*

« Comme témoins présents sur les lieux, nous avons tout vu,

comme Sa Majesté l'a écrit, et nous confirmons le récit de notre serment, aussi vrai que Dieu nous soit en aide».

Charles Bjelke, *chancelier ;* Bjelke, *conseiller ;*
A. Oscenstiana, *conseiller ;*
Pierre Grauslen, *vaguemestre.*

Si, en bonne critique, il n'était indiqué de supposer que des considérations d'ordre politique ou autre ont influé sur la rédaction de ce document, il constituerait, à coup sûr, l'une des plus remarquables observations que l'on connaisse d'hallucinations collectives *prévisionnelles.* Malgré les réserves qui s'imposent à son égard, nous avons voulu le citer tout au long, les cas de pressentiments, étayés de quelques garanties, étant fort peu nombreux.

Or, le hasard de nos relations a voulu que nous ayons, sur le cas de *rêve-pressentiment* dont nous allons parler maintenant, des renseignements très précis qui corroborent le récit que nous trouvons dans un article de M. Rambaud, intitulé : « *Le Champ de bataille de Borodino* (1). »

L'héroïne de cette histoire est une dame russe qui vivait dans la première moitié de ce siècle, et qui était mariée à un officier de l'armée russe, M. Toutchkof. Elle était très nerveuse, très impressionnable, encline à un certain mysticisme. C'est elle qui, après la bataille de Borodino, où périt son mari, fonda le monastère qui s'élève aujourd'hui sur l'ancien champ de bataille. Elle mourut, en 1838, abbesse de ce couvent. Le souvenir du rêve extraordinaire qu'elle eut avant la mort de son mari s'est conservé soigneusement dans sa famille, et c'est à une

---

(1) Voir : *Revue politique et littéraire* du 30 janvier 1875.

nièce de Mme Toutchkof que nous avons dû la confirmation, dans tous ses détails, du récit suivant.

Il a été emprunté par M. Rambaud à la biographie de Mme Toutchkof.

Quand arriva 1812 et que son mari se rendit à l'armée, elle dut se résigner, cette fois, dans cette guerre sérieuse contre un Napoléon, à se séparer de lui et à se rendre chez ses parents à Moscou.

Pourtant, comme les régiments de Toutchkof étaient cantonnés à Minsk, les deux époux peuvent faire route quelque temps ensemble, avant de se séparer. Ils n'étaient accompagnés que d'une Française, Mme Bouvier, gouvernante de l'enfant ; elle fut la meilleure amie de ceux que la guerre française allait rendre si malheureux. La dernière nuit, toute la compagnie coucha sur le plancher d'une cabane. Cette nuit-là, il arriva à Mme Toutchkof une chose étrange.

Margarita Mikhaïlowna, dit son biographe, fatiguée d'une longue route, s'endormit promptement. Alors elle eut un songe. Elle vit, suspendu devant elle, un tableau sur lequel elle lut, tracés en lettres de sang et en langue française, ces six mots : «Ton sort se décidera à Borodino !» De grosses gouttes de sang se détachaient des lettres et ruisselaient sur le papier. La malheureuse femme poussa un cri et se leva en sursaut. Son mari et Mme Bouvier, réveillés par ce cri, coururent à elle. Elle était pâle et tremblait comme une feuille. « Où est Borodino ? dit-elle à son mari, quand elle put respirer ; on te tuera à Borodino. » « Borodino ? répéta Toutchkof, c'est la première fois que j'entends ce nom. » Et, en effet, le petit village de Borodino était alors inconnu. Margarita Mikhaïlowna raconta son rêve. Toutchkof et Mme Bouvier s'efforcèrent de la rassurer. Borodino n'existait pas, n'avait jamais existé, et d'ailleurs le songe ne disait pas qu'Alexandre y serait tué. L'interprétation de Marguerite était purement arbitraire. «Tout le mal vient, ajouta enfin le mari, de ce que tu as les nerfs un peu surexcités. Recouche-toi, pour l'amour de Dieu, et tâche de dormir.» Son sang-froid la calma un peu. La fatigue triompha de ce qui lui restait de terreur ; elle se recoucha et s'endormit. Mais le même songe se renouvela ; une seconde fois, elle revit la fatale inscription ; elle revit ces gouttes de sang qui, lentement, l'une après l'autre, se détachaient des lettres et ruisselaient sur le papier. De plus, elle vit, cette fois, debout autour du tableau, trois personnages : un prêtre, son frère Cyrille Narychkine, et enfin son père, qui tenait dans ses bras le petit Nicolas, son enfant. Elle s'éveilla en proie à une telle agitation que, cette fois, Alexandre fut sérieusement effrayé. A toutes ses paroles, elle ne répondait que par des sanglots ou par cette question: « Où est Borodino ? » Il finit par lui proposer d'examiner les cartes de l'état-major et de se convaincre par elle-même qu'on n'y trouvait pas de Borodino. Il envoya aussitôt réveiller un de ses officiers d'ordonnance et lui demanda la carte. L'officier, surpris d'une demande aussi extraordinaire à pareille heure, l'apporta lui-même. Toutchkof la déploya, peut-être non sans un sentiment secret d'appréhension, et l'étendit sur la table. Tout le monde se mit à rechercher le nom fatal ; personne ne le trouva. « Si Borodino existe réellement, dit Toutchkof en se tournant vers sa femme, à en juger par son nom il ne peut être qu'en Italie. Or, il est bien peu probable que les hostilités soient transportées là-bas ; tu peux donc te rassurer. » Mais elle ne se rassura point. Le maudit songe la poursuivait ; c'est dans un désespoir affreux qu'elle se sépara de son mari. Toutchkof l'embrassa, la bénit pour la dernière fois, elle et son fils, et, debout sur la grande route, contempla longuement la berline qui les emportait, jusqu'à ce qu'elle eût disparu à ses yeux.

Il écrivait souvent à sa femme, qui s'était établie dans une petite ville du district, Kineckma, afin d'être plus à portée de recevoir ses lettres. Elle attendait les jours de poste avec une fiévreuse anxiété. Arriva le 1er septembre, c'était le jour de sa fête. Elle entendit la messe et, revenue de l'église, se mit à sa table de travail ; toute pensive, elle appuya sa tête dans ses mains, réfléchissant. Tout à coup, elle entendit son père qui l'appelait. Elle pensa d'abord qu'il était revenu de la campagne, pour passer ce jour avec sa fille ; elle leva la tête... Devant elle, était le prêtre, à côté de lui son père qui tenait le petit Nicolas dans ses bras. Tous les détails terribles de son rêve se représentent aussitôt à sa mémoire ; il ne manquait que son frère Narychkine pour achever le tableau : « Où est mon frère Cyrille ? » s'écria-t-elle d'une voix éclatante. Il se montra sur le seuil. « Tué ! » murmura-t-elle, et elle tomba sans connaissance. Quand elle revint à elle, son père et son frère la soutenaient. « On a donné la bataille près de Borodino », lui dit Cyrille, à travers ses larmes.

Alexandre Toutchkof était mort, en effet, et sa veuve ne put même retrouver son corps.

Nous avons tout lieu de croire, répétons-le, que les détails de ce rêve n'ont pas été arrangés, après coup, pour le modeler exactement sur l'événement. Les choses ont dû, en réalité, se passer ainsi, et ce que cette observation présente alors d'extraordinaire, c'est — outre, bien entendu, la divination de ce mot inconnu de *Borodino* — la persistance de l'image hallucinatoire qui se manifeste à deux reprises différentes.

Nous l'avons dit, en fait de pressentiments, l'expérience n'existe pas, et même c'est à peine si l'on entrevoit la possibilité d'une expérimentation quelconque ; aussi en sommes-nous réduit à nous contenter d'observations plus ou moins sûres ; celles que nous avons déjà citées offraient — malgré leur étrangeté (pour ne pas dire plus) — des garanties sinon absolues, du moins suffisantes : nous allons terminer par deux autres cas de pressentiment, en faisant remarquer que le nom seul de l'auteur qui les rapporte en atteste la valeur.

Nous les trouvons dans l'intéressant ouvrage du docteur Liebeault : *Thérapeutique suggestive*, 1891, p. 282 (1).

PREMIÈRE OBSERVATION

(Elle est extraite de l'un de mes registres, à son rang, n° 339, 7 janvier 1886).

Est venu me consulter aujourd'hui, à 4 heures de l'après-midi, M. S. de Ch... pour un état nerveux sans gravité. M. de Ch... a des préoccupations d'esprit, à propos d'un procès pendant, et des choses qui suivent : En 1879, le 24 décembre, se promenant dans une rue de Paris, il vit écrit sur une porte : Mme Lenormand, nécromancienne. Piqué par une curiosité irréfléchie, il se fit ouvrir la maison et, introduit, il se laissa conduire dans une salle assez sombre. Là, il attendit Mme Lenormand qui, prévenue presque aussitôt, vint le trouver et le

---

(1) Ces deux observations sont aussi reproduites dans les *Annales des Sciences psychiques*, n° 2.

fit asseoir devant une table. Alors cette dame sortit, revint, se mit en face de lui, puis regardant la face palmaise de l'une de ses mains, lui dit : « Vous perdrez votre père dans un an, jour par jour. Bientôt vous serez soldat (il avait alors dix-neuf ans), mais vous n'y resterez pas longtemps. Vous vous marierez jeune : il vous naîtra deux enfants et vous mourrez à vingt-six ans. »

Cette stupéfiante prophétie, que M. de Ch... confia à des amis et à quelques-uns des siens, il ne la prit pas d'abord au sérieux ; mais son père étant mort le 27 décembre 1880, après une courte maladie et juste un an après l'entrevue avec la nécromancienne, ce malheur refroidit quelque peu son incrédulité. Et lorsqu'il devint soldat — seulement 7 mois — lorsque, marié peu après, il fut devenu le père de deux enfants et qu'il fut sur le point d'atteindre vingt-six ans, ébranlé définitivement par la peur, il crut qu'il n'avait plus que quelques jours à vivre.

Ce fut alors qu'il vint me trouver, pour me demander s'il ne me serait pas possible de conjurer le sort qui l'attendait. Car, pensait-il, les quatre premiers événements de la prédiction s'étant accomplis, le cinquième devait fatalement se réaliser.

Le jour même et les jours suivants, je tentai de mettre M. de Ch... dans le sommeil profond, afin de dissiper la noire obsession gravée dans son esprit : celle de sa mort prochaine, mort qu'il s'imaginait devoir arriver le 4 février, jour anniversaire de sa naissance, bien que Mme Lenormand ne lui eût rien précisé sous ce rapport. Je ne pus produire sur ce jeune homme même le sommeil le plus léger, tant il était fortement agité. Cependant, comme il était urgent de lui enlever la conviction qu'il devait bientôt succomber, conviction dangereuse, car on a souvent vu des prévisions de ce genre s'accomplir à la lettre par auto-suggestion, je changeai de manière d'agir et je lui proposai de consulter l'un de mes somnambules, un vieillard de soixante-dix ans, appelé le prophète, parce qu'ayant été endormi par moi, il avait, sans erreur, annoncé l'époque précise de sa guérison, pour des rhumatismes articulaires remontant à quatre années, et l'époque même de la guérison de sa fille, cette dernière cure due à l'affirmation de recouvrer la santé à une heure fixée d'avance, ce dont son père l'avait pénétrée. M. de Ch... accepta ma proposition avec avidité et ne manqua pas de se rendre exactement au rendez-vous que je lui ménageai. Entré en rapport avec ce somnambule, ses premières paroles furent de lui dire : « Quand mourrai-je ? » Le dormeur expérimenté, soupçonnant le trouble de ce jeune homme, lui répondit, après l'avoir fait attendre : « Vous mourrez... vous mourrez... dans quarante-un ans » L'effet causé par ces paroles fut merveilleux. Immédiatement, le consultant redevint gai, expansif et plein d'espoir ; et quand il eut franchi le 4 février, ce jour tant redouté par lui, il se crut sauvé.

Ce fut alors que quelques-uns de ceux qui avaient entendu parler de cette poignante histoire s'accordèrent pour conclure qu'il n'y avait eu rien là de vrai ; que c'était par une suggestion post-hypnotique que ce jeune homme avait conçu ce récit imaginaire Paroles en l'air! le sort en était jeté, il devait mourir.

Je ne pensais plus à rien de cela, lorsque, au commencement d'octobre, je reçus une lettre de faire part, par laquelle j'appris que mon malheureux client venait de succomber, le 30 septembre 1885, dans sa vingt-septième année, c'est-à-dire à l'âge de vingt-six ans, ainsi que Mme Lenormand l'avait prédit. Et pour qu'il ne soit pas supposé que ce que je raconte peut être une illusion extravagante de mon esprit, je garde toujours cette lettre, de même que le registre d'où j'ai tiré, à la suite, l'observation qui précède. Ce sont là deux témoignages écrits, indéniables. Depuis, j'ai appris que cet infortuné, envoyé par son médecin aux eaux de Contrexeville, pour qu'il soit traité pour des calculs biliaires, fut obligé de s'y aliter, à la suite de la rupture d'une poche liquide (vésicule du fiel), rupture qui amena une péritonite.

DEUXIÈME OBSERVATION

(Elle m'a été communiquée par un homme très honorable, M. L..., banquier).

Dans une famille des environs de Nancy, l'on endormait souvent une fille de dix-huit ans, nommée Julie. Cette fille, une fois mise en état de somnambulisme, était portée d'elle-même, comme si elle en recevait l'inspiration, à répéter, à chaque nouvelle séance, qu'une proche parente de cette famille, qu'elle nommait, mourrait bientôt et n'atteindrait pas le 1er janvier. On était alors en novembre 1883. Une telle persistance dans les affirmations de la dormeuse conduisit le chef de cette famille, qui flairait là une bonne affaire, à contracter une assurance à vie de 10,000 fr. sur la tête de la dame en question, laquelle, n'étant nullement malade, obtiendrait facilement un certificat de médecin. Pour trouver cette somme, il s'adressa à M. L..., lui écrivit plusieurs lettres, dans l'une desquelles il racontait le motif qui le portait à emprunter. Et ces lettres, que M. L.,. m'a montrées, il les garde comme des preuves irréfragables de l'événement futur annoncé. Bref, on finit par ne pas s'entendre sur la question des intérêts, et l'affaire entamée en resta là. Mais, quelque temps après, grande fut la déception de l'emprunteur. La dame X..., qui devait mourir avant le 1er janvier, succomba, en effet, et tout d'un coup, le 30 décembre, ce dont fait foi une dernière lettre du 2 janvier, adressée à M. L..., lettre que ce Monsieur garde aussi avec celles qu'il avait reçues précédemment, à propos de la même personne.

Nous en avons fini avec la première catégorie de Phénomènes psychiques occultes, ceux qui, sous des modalités différentes, Télépathie, Lucidité, Pressentiments, semblent «révéler une faculté profondément inconnue »encore de l'âme humaine, celle de voir et de connaître »des événements lointains, dans le temps comme dans »l'espace, sous une forme plus ou moins hallucinatoire.»

On sait déjà ce que nous pensons des tentatives faites ou à faire pour expliquer cette faculté occulte de l'organisme ; nous n'y reviendrons pas.

Disons seulement que les plus récentes découvertes de l'hypnotisme, la variation des états de conscience, le dédoublement de la personnalité, l'extériorisation de la sensibilité (si elle est reconnue vraie), etc., etc., ne sont peut-être, au fond, que des modes d'activité de cette faculté.

M. de Rochas est plus affirmatif : «Au point où est au»jourd'hui la science, dit-il (1), on est certainement au»torisé à rechercher, dans des phénomènes de cet ordre, »l'explication des médiums, des voyants, des envoûteurs

---

(1) Voir : *États profonds de l'Hypnose*, p. 102.

»et des guérisseurs... L'hypnotisme, jusqu'ici seul étudié
»officiellement, n'est que le vestibule d'un vaste et mer-
»veilleux édifice, déjà exploré en grande partie par les
»anciens magnétiseurs.»

Nous comptons insister, plus loin — dans une étude comparative des sujets et des médiums, — sur ces rapports très probables de l'Hypnotisme avec la Psychologie occulte.

Terminons cette première partie, où nous venons d'entrevoir les facultés de *connaître* encore mystérieuses de l'âme humaine, par ces suggestives paroles de Laplace :

«Une intelligence qui, pour un instant donné, connaî-
»trait toutes les forces dont la nature est animée et la
»situation respective des êtres qui la composent, si, d'ail-
»leurs, elle était assez vaste pour soumettre ces données
»à l'analyse, embrasserait, dans la même formule, les
»mouvements des plus grands corps de l'univers et ceux
»du plus léger atome; rien ne serait incertain pour elle et
»l'avenir comme le passé serait présent à ses yeux (1).»

---

(1) «Chacune de nos pensées, dit Balfourt-Stewart, est accompagnée
»d'un déplacement et d'un mouvement de particules cérébrales, et il
»est possible d'imaginer que, de façon ou d'autre, ces mouvements
»soient propagés dans l'univers.»

«M. Babbage a montré, dit Jevons, que si nous avions le pouvoir de
»découvrir et de suivre les effets les plus minutieux de toute agitation,
»chaque particule de matière deviendrait un registre de tout ce qui est
»arrivé.»

DEUXIÈME PARTIE

IIme CLASSE.— PHÉNOMÈNES PHYSIQUES OCCULTES (1)

1° De la force psychique

Nous abordons maintenant l'étude d'une classe de phénomènes plus extraordinaires, plus surnormaux encore, du moins en apparence, que ceux que nous venons de passer en revue.

Il s'agit des effets mécaniques, plus ou moins contraires aux lois naturelles, qui se produisent tantôt spontanément, tantôt par le fait de certaines personnes paraissant douées de la faculté d'émettre une force spéciale et nommées *Médiums*.

Jusqu'à ces dernières années, ces phénomènes, mouvements d'objets sans contact, coups, bruits, soulèvement

---

(1) Le titre exact de cette 2e partie de notre travail serait : *Phénomènes psychiques occultes à effets physiques*. Il s'agit toujours d'une force encore inconnue émanant de l'organisme et agissant, non plus sur un autre organisme, mais sur des objets matériels. Le titre que nous avons choisi nous paraît cependant suffisamment clair, et il a l'avantage d'être court.

spontané du corps, etc., etc., étaient désignés sous le nom de *Phénomènes spiritiques* et revendiqués par les Spirites, qui en attribuaient la production aux âmes des morts, avec lesquelles les médiums se mettent en rapport.

Les premières tentatives scientifiques, faites pour expliquer quelques-uns de ces «prodiges», furent celles de Babinet, de Faraday et de Chevreul, qui, en substance, attribuaient aux mouvements inconscients, à l'*automatisme* des expérimentateurs et des médiums, les mouvements des objets avec lesquels ils étaient en contact (1).

Cette théorie, complétée par celle de l'Automatisme psychologique, de la dualité cérébrale, soutenue avec un grand talent par M. Pierre Janet (2), peut évidemment suffire pour l'immense majorité des faits que l'on observe dans les séances de tables tournantes, d'écriture automatique, etc.

Mais elle est en défaut quand il s'agit d'expliquer, rationnellement, les faits d'action à distance, les seuls dont nous voulions nous occuper ici.

Si, comme le dit M. Janet, au point de vue *psychologique*, la pensée du médium est de même nature, qu'il la manifeste au moyen d'un crayon qu'il tient à la main ou au moyen d'un crayon placé loin de lui, il n'en est pas moins certain qu'au point de vue *physique*, cela est tout différent.

---

(1) Voir aussi M. l'abbé Moigno : *Cosmos* du 8 janvier 1854.— Comte de Gasparin : *Les Tables tournantes*. — Quant aux *bruits* spirites, on connaît déjà la bizarre interprétation anatomique qu'on leur avait donnée.

(2) Voir son livre, l'*Automatisme psychologique*, p. 367 et suivantes. (Alcan, 1889).

Or, nous le répétons, c'est cette action physique à distance que nous voulons principalement étudier.

Nous ne nions pas, pour cela, l'action possible du médium — indépendamment de tout mouvement musculaire — sur les objets avec lesquels il est en contact. Mais comme, dans ces cas, le doute est toujours légitime, nous préférons nous en tenir aux seuls mouvements provoqués à distance.

Dans le fait, s'il est démontré qu'une force, émanant de l'organisme, peut agir de loin sur des objets matériels, il est presque certain que les Phénomènes physiques occultes reconnaissent une cause identique à celle des Phénomènes psychiques : dans les deux cas, il s'agit de la projection, volontaire ou non, hors du corps, d'un élément particulier dont la nature est encore profondément inconnue.

Sans recourir aux vues des Sciences occultes sur cette force, il nous faut dire un mot cependant des expériences de Reichenbach, reprises et commentées, avec un sens critique très sûr, par M. le colonel de Rochas (1).

D'après Reichenbach, non seulement l'organisme humain, mais tous les corps de la nature seraient pénétrés d'un fluide spécial, dérivé de la *Force-substance* universelle des Occultistes. Ce fluide, cet *Od*, comme il l'appelle, pourrait être projeté, volontairement ou non, hors du corps, et, dans certains cas, deviendrait même *visible*.

Des êtres, doués d'une plus grande finesse de perception, que l'auteur nomme des *Sensitifs*, auraient le don

---

(1) Voir : le *Fluide des Magnétiseurs*.

de *voir* l'Od se dégager des objets naturels, du corps de l'homme, et surtout des aimants (1).

Ces affirmations de Reichenbach ont été, nous l'avons dit, vérifiées par M. de Rochas, dont la compétence scientifique offre toutes les garanties désirables ; cet expérimentateur serait même parvenu à photographier ce que l'on pourrait nommer l'*image astrale* d'un minéral (2).

Voici maintenant, d'après M. Arnold Boscowitz, qui les a résumées, les recherches de Reichenbach sur l'Od :

« Longtemps avant que le sensitif ait vu la lumière polaire se dégager de l'aimant ou du cristal, il voit briller, à la place où se trouve une personne quelconque, un nuage transparent et phosphorescent. C'est à peine s'il

---

(1) « . . Que les effluves de l'aimant soient sensibles à quelques or- »ganismes délicats, nous ne voyons vraiment pas ce qu'il y a là de »difficile à admettre ; et, comme on l'a dit, ce qu'il y a de plus »étrange, c'est que, précisément, dans la grande majorité des cas du »moins, l'organisme humain soit insensible à l'action de plus fort^s »aimants. De même, il serait étrange que le corps humain lui-même »échappât à cette condition physique de toute matière, d'être le sup- »port de phénomènes électriques et magnétiques. » (S. Héricourt, in *Ann. des Sc. psych.*, 1892, n° 6).

(2) Dans un ordre de faits connexes, disons que l'on sait, maintenant, qu'il existe des courants électriques dans les plantes ; des expériences faites, il y a quelque temps, par M. Kunkel, l'avaient porté à en attribuer l'origine au processus purement mécanique du mouvement de l'eau. M. Haake, qui a repris la question récemment, en s'entourant de toutes sortes de précautions, arrive à des conclusions qui se résument ainsi :

1° Il n'est pas douteux que la production des courants électriques est due à des changements de matière de diverses natures, notamment à la respiration de l'oxygène et à l'assimilation de l'acide carbonique ;

2° Les mouvements de l'eau peuvent avoir une part à la production des courants électriques, mais, certainement, cette part est faible. (*Revue Scientifique* du 21 janvier 1893, p. 88.)

peut distinguer une forme humaine dans l'intérieur du voile lumineux ; mais, à mesure que sa pupille se dilate, il voit se dessiner de mieux en mieux les contours du corps auquel des émanations lumineuses donnent des proportions outrées. Les lueurs odiques s'élèvent, bleuâtres et mobiles, au-dessus de la tête, présentent l'aspect d'un géant lumineux qui porterait un casque orné de longues aigrettes. La couleur des flammes qui s'échappent est rouge à gauche, bleue à droite.

» C'est aux mains, surtout aux extrémités des doigts, que le phénomène est le plus marqué. De même, chez tous les animaux, tout le côté gauche dégage la lumière odique rouge, le droit, la lumière bleue, etc., etc. (1). »

Rappelons que le docteur Luys a communiqué à la Société de biologie des expériences qui, faites avec des sujets endormis par l'aimant, lui ont donné des résultats semblables à ceux que nous venons de décrire.

Ajoutons encore que, dans son livre de l'*Analyse des choses*, le docteur Gibier affirme l'existence de cette « *force animique.* » Il dit l'avoir vu se dégager dans l'obscurité, sous forme de « matière vaporeuse et lumineuse », du corps de l'un de ses clients. « Elle émane principalement, au niveau de la région épigastrique ou des gros troncs artériels (2) »... « J'ai eu maintes fois l'occasion de voir, chez des sujets bien doués, le dégagement de cette force et sa condensation *en plein jour*, sous une forme ou sous une autre. Je ne saurais mieux, alors, caractériser son aspect qu'en le comparant à *l'état vésiculaire* qui précède l'état liquide du gaz acide carbonique, lorsqu'on le liquéfie sous pression dans un tube de verre.

---

(1) Voir Plytoff: *La Magie.* (Baillière, 1892).
(2) Gibier : *Analyse des choses*, p. 157.

A ce propos, je dois dire (non que mon intention soit d'établir aucune comparaison, puisque le gaz s'échauffe par la compression) que, lors du dégagement de cette force du corps des sujets, on éprouve, surtout en été ou dans une atmosphère tiède, une vive impression de fraîcheur (1). »

Admettrons-nous que Reichenbach, de Rochas, Gibier et d'autres encore ont été dupes d'hallucinations ?

Mais cette force *odique, animique, neurique rayonnante* (2), *psychique* (qu'on l'appelle comme on voudra), ne se manifeste pas seulement par des effets lumineux ; elle peut aussi — à des distances variables — provoquer des mouvements d'objets matériels, que la mécanique est impuissante à expliquer.

Comme l'étude la plus sérieuse et la plus démonstrative de l'action mécanique de la force psychique a été faite par le professeur William Croockes, nous allons, sans plus tarder, parler de ses travaux.

En une sorte de profession de foi, mise en tête de son livre, le savant anglais a soin d'indiquer l'esprit dans lequel il commence ses études relatives aux « Phénomènes spiritualistes (3).»

« Le spiritualiste, dit-il, parle de corps pesant 50 ou 100 livres, qui sont enlevés en l'air, sans l'intervention de force connue ; mais le savant chimiste est accoutumé à

---

(1) Gibier, *loc. cit.*, p. 159.
(2) Dr Barély : *Force neurique rayonnante, vulgairement magnétisme animal.* (Paris, Doin, 1882). —Disons pourtant que la *force neurique* du docteur Barély différerait, par certains caractères, de la *force psychique* de Croockes.
(3) Voir Croockes : *Nouvelles expériences sur la force psychique.* Traduction Alidel, Paris.

faire usage d'une balance sensible à un poids si petit qu'il en faudrait dix mille comme lui pour faire un grain. Il est donc fondé à demander que ce pouvoir, qui se dit guidé par une intelligence, qui élève jusqu'au plafond un corps pesant, fasse mouvoir, sous des conditions déterminées, sa balance si délicatement équilibrée.

» Le spiritualiste parle de coups frappés qui se produisent dans les différentes parties d'une chambre, lorsque deux personnes ou plus sont tranquillement assises autour d'une table. L'expérimentateur scientifique a le droit de demander que ces coups se produisent sur la membrane tendue de son phonautographe.

» Le spiritualiste parle de chambres et de maisons secouées, même jusqu'à en être endommagées, par un pouvoir surhumain. L'homme de science demande simplement qu'un pendule, placé sous une cloche de verre et reposant sur une solide maçonnerie, soit mis en vibration.

» Le spiritualiste parle de lourds objets d'ameublement se mouvant d'une chambre à l'autre, sans l'action de l'homme. Mais le savant a construit les instruments qui diviseraient un pouce en un million de parties: et il est fondé à douter de l'exactitude des observations effectuées, si la même force est impuissante à faire mouvoir, d'un simple degré, l'indicateur de son instrument.

» Le spiritualiste parle de fleurs mouillées de fraîche rosée, de fruits et même d'êtres vivants apportés à travers les croisées fermées, et même à travers les solides murailles en briques. L'investigateur scientifique demande naturellement qu'un poids additionnel (ne fût-il que la millième partie d'un grain) soit déposé dans un des plateaux de sa balance, quand la boîte est fermée à clef. Et le chimiste demande qu'on introduise la millième partie d'un grain d'arsenic à travers les parois d'un tube de verre dans lequel de l'eau pure est hermétiquement scellée.

» Le spiritualiste parle de manifestations d'une puissance équivalente à des milliers de livres et qui se produit sans cause connue. L'homme de science, qui croit fermement à la conservation de la force, et qui pense qu'elle ne se produit jamais sans un épuisement correspondant de quelque chose pour la remplacer, demande que lesdites manifestations se produisent dans son laboratoire, où il pourra les peser, les mesurer, les soumettre à ses propres essais.

» C'est pour ces raisons et avec ces sentiments que je commence l'enquête dont l'idée m'a été suggérée par des hommes éminents qui exercent une grande influence sur le mouvement intellectuel du pays. »

Les premières expériences de M. Croockes furent faites avec le concours du médium américain Home, qui, après une existence assez accidentée, est mort à Paris dans un état voisin de la misère (1).

Parmi les phénomènes que produisait Home, les plus singuliers et qui se prêtaient le mieux à l'examen scientifique étaient :

1° L'altération du poids du corps.

2° L'exécution d'airs sur des instruments de musique, généralement sur l'accordéon, sans intervention humaine directe et sous des conditions qui rendaient impossible tout contact ou tout maniement des clefs.

Ce furent ces phénomènes que M. Croockes étudia tout d'abord. Nous laissons à penser avec quels soins et avec

---

(1) Voir son livre, Daniel Douglas Home : *Révélations sur ma vie surnaturelle*. (Dentu, 1863).

quelle méthode furent conduites ces expériences : on nota même la température. Elles se faisaient chez le savant lui-même, assisté de quelques-uns de ses collègues et de quelques personnes de sa famille.

Voici le récit qu'en donne M. Croockes :

« Les réunions eurent lieu le soir, dans une grande chambre éclairée au gaz. Les appareils préparés dans le but de constater les mouvements de l'accordéon consistaient en une cage formée de deux cercles en bois, respectivement d'un diamètre de un pied dix pouces, et de deux pieds, réunis ensemble par douze lattes étroites, chacune d'un pied dix pouces de longueur, de manière à former la charpente d'une espèce de tambour, ouvert en haut et en bas. Tout autour, cinquante mètres de fil de cuivre isolés furent enroulés en vingt-quatre tours, chacun de ces tours se trouvant à moins d'un pouce de distance de son voisin. Ces fils de fer horizontaux furent alors solidement reliés ensemble avec de la ficelle, de manière à former des mailles d'un peu moins de deux pouces de large sur un pouce de haut. La hauteur de cette cage était telle qu'elle pouvait glisser sous la table de ma salle à manger, mais elle en était trop près par le haut pour permettre à une main de s'introduire dans l'intérieur, ou à un pied de s'y glisser par-dessous. Dans une autre chambre, il y avait deux piles de Grove, d'où partaient des fils qui se rendaient dans la salle à manger, pour établir la communication, si on le désirait, avec ceux qui entouraient la cage.

» L'accordéon était neuf : je l'avais, pour ces expériences, acheté moi-même chez Wheatstone, conduit-street. M. Home n'avait ni vu, ni touché l'instrument, avant le commencement de nos essais.

» Dans une autre partie de la chambre, un appareil était disposé pour expérimenter l'altération du poids d'un corps. Il consistait en une planche d'acajou de trente-six pouces de long, sur neuf et demi de large, et un d'épaisseur. A chaque bout, une bande d'acajou, d'un pouce et demi de large, était vissée et formait pied. L'un des bouts de la planche reposait sur une table solide, tandis que l'autre était supporté par une balance à ressort, suspendue à un fort trépied. La balance était munie d'un index enregistreur, auto-moteur, de manière à indiquer le maximum du poids marqué par l'aiguille. L'appareil était ajusté de telle sorte que la planche d'acajou était horizontale, son pied reposant à plat sur le support. Dans cette position, son poids était de trois livres ; elles étaient indiquées par l'index de la balance.

» Avant que M. Home pénétrât dans la chambre, l'appareil avait été mis en place, et, avant de s'asseoir, on ne lui avait même pas expliqué la destination de quelques-unes de ses parties. Il sera peut-être utile d'ajouter, dans le but de prévenir quelques remarques critiques qu'on pourrait peut-être faire, que, l'après-midi, j'étais allé chez M. Home, dans son appartement, et que, là, il me dit que, comme il avait à changer de vêtements, je ne ferais sans doute pas de difficulté à continuer notre conversation dans sa chambre à coucher. Je suis donc en mesure d'affirmer d'une manière positive que ni machine, ni artifice d'aucune sorte, ne fut en secret mis sur sa personne.

» Les investigateurs présents, à l'occasion de cette expérience, étaient un éminent physicien, haut placé dans les rangs de la Société Royale, que j'appellerai A B ; un docteur en droit bien connu, que j'appellerai C D ; mon frère et mon aide de chimie.

» M. Home s'assit à côté de la table, sur une chaise longue. En face de lui, sous la table, se trouvait la cage sus-mentionnée, et une de ses jambes se trouvait de chaque côté. Je m'assis près de lui, à sa gauche, un autre observateur fut placé près de lui à sa droite ; le reste des assistants s'assit autour de la table, à la distance qui lui convint.

» Pendant la plus grande partie de la soirée, et particulièrement lorsque quelque chose d'important avait lieu, les observateurs, qui étaient de chaque côté de M. Home, tenaient respectivement leurs pieds sur les siens, de manière à pouvoir découvrir le plus léger mouvement.

» La température de la chambre variait de 68° à 70° Farenheit. M. Home prit l'accordéon entre le pouce et le doigt du milieu d'une de ses mains, et par le bout opposé aux clefs. (Pour éviter les répétitions, cette manière de le prendre sera appelée, à l'avenir, « de la manière ordinaire ».)

» Après avoir préalablement ouvert moi-même la clef de basse, la cage fut tirée de dessous la table, juste assez pour permettre d'y introduire l'accordéon avec ses clefs tournées en bas. Elle fut ensuite repoussée dessous, autant que le bras de M. Home pût le permettre, mais sans cacher sa main à ceux qui étaient près de lui. Bientôt ceux qui étaient de chaque côté virent l'accordéon se balancer d'une manière curieuse, puis des sons en sortirent, et enfin, plusieurs notes furent jouées successivement.

» Pendant que ceci se passait, mon aide se glissa sous la table et nous dit que l'accordéon s'allongeait et se fermait ; on constatait en même temps que la main de M. Home, qui tenait l'accordéon, était tout à fait immobile, et que l'autre reposait sur la table.

» Puis, ceux qui étaient de chaque côté de M. Home virent l'accordéon se mouvoir, osciller et tourner tout autour de la cage, et jouer en même temps. Le docteur AB regarda alors sous la table et dit que la main de M. Home semblait complètement immobile, pendant que l'accordéon se mouvait et faisait entendre des sons distincts.

» M. Home tint encore l'accordéon dans la cage, de la manière ordinaire. Ses pieds tenus par ceux qui étaient près de lui, son autre main reposant sur la table, nous entendîmes des notes distinctes et séparées résonner successivement, et ensuite un air simple fut joué. Comme un tel résultat ne pouvait s'être produit que par les différentes clefs de l'instrument, mises en action d'une manière harmonieuse, tous ceux qui étaient présents le considérèrent comme une expérience décisive. Mais ce qui suivit fut encore plus frappant : M. Home éloigna entièrement sa main de l'accordéon, la sortit tout à fait de la cage et la mit dans la main de la personne qui se trouvait près de lui. Alors l'instrument continua à jouer, personne ne le touchant et aucune main n'étant près de lui.

» Je voulus ensuite essayer quel effet on produirait, en faisant passer le courant de la batterie autour du fil isolé de la cage. En conséquence, mon aide établit la communication avec les fils qui venaient des piles de Grove. De nouveau, M. Home tint l'instrument dans la cage, de la même façon que précédemment, et immédiatement il résonna, et s'agita de côté et d'autre avec vigueur. Mais il m'est impossible de dire si le courant électrique qui passa autour de la cage vint en aide à la force qui se manifestait à l'intérieur.

» L'accordéon fut alors repris sans aucun contact visible avec la main de M. Home. Il l'éloigna complètement de l'instrument et la plaça sur la table, où elle fut saisie par la personne qui était près de lui ; tous ceux qui étaient présents virent bien que ses deux mains étaient là. Deux des assistants et moi nous aperçumes distinctement l'accordéon flotter çà et là dans l'intérieur de la cage, sans aucun support visible. Après un court intervalle, ce fait se répéta une seconde fois.

» Alors M. Home remit sa main dans la cage et prit de nouveau l'accordéon, qui commença à jouer d'abord des accords et des arpèges, et ensuite une douce et plaintive mélodie bien connue, qu'il exécuta parfaitement et d'une manière très belle. Pendant que cet air se jouait, je saisis le bras de M. Home au-dessous du coude et fis glisser doucement ma main jusqu'à ce qu'elle touchât le haut de l'accordéon. Pas un muscle ne bougeait. L'autre main de M. Home était sur la table, visible à tous les yeux, et ses pieds étaient sous les pieds de ceux qui étaient à côté de lui. »

Après avoir obtenu des résultats aussi décisifs avec l'accordéon, M. Croockes expérimenta avec l'appareil de la balance.

Malgré tout le désir que nous aurions de reproduire tout au long ces expériences, qui sont fondamentales, nous nous voyons forcé d'en donner seulement les résultats. Disons donc que M. Croockes constata, au moyen d'appareils enregistreurs très sensibles et construits *ad hoc*, que Home pouvait, par simple imposition des doigts, *sans pression et même sans aucun contact*, augmenter de quantités énormes (le 300 p. 100) le poids de divers objets, etc.

En outre, il vit à plusieurs reprises des tables et des chaises enlevées de terre, sans l'attouchement de personne ; Home lui-même se souleva, à trois reprises différentes, au-dessus du plancher ; enfin, plusieurs apparitions se manifestèrent, mais nous parlerons de celles-ci dans le chapitre suivant,

Répétons-le, le luxe des précautions prises était inouï. « Le pauvre Home était soumis à des épreuves bien offensantes : on lui tenait les pieds et les mains, il n'avait le droit de faire aucun mouvement, sans que plusieurs paires d'yeux méfiants ne fussent braqués sur lui (1). »

Les conclusions que M. Croockes a tirées de ces expériences et d'une foule d'autres sont consignées dans son livre.

Elles sont trop importantes pour que nous ne les citions pas tout au long (2) :

« Ces expériences, dit le savant anglais, mettent *hors*

---

(1) Gibier : *Spiritisme occidental*, p. 269.
(2) Croockes : *Force psychique*, p. 66 et suivantes.

de doute les conclusions auxquelles je suis arrivé dans mon précédent mémoire, savoir : l'existence d'une force associée, d'une manière encore inexpliquée, à l'organisme humain, force par laquelle un surcroît de poids peut être ajouté à des corps solides, sans contact effectif. Dans le cas de M. Home, le développement de cette force varie énormément, non seulement de semaine à semaine, mais d'une heure à l'autre; dans quelques occasions, cette force peut être accusée par mes appareils, pendant une heure ou même davantage, et puis, tout à coup, elle reparaît avec une grande énergie. Elle est capable d'agir à une certaine distance de M. Home (il n'est pas rare que ce soit jusqu'à deux ou trois pieds), mais toujours elle est plus puissante auprès de lui.

».... Je crois découvrir ce que cette force physique emploie pour se développer. En me servant des termes de *force vitale, énergie nerveuse*, je sais que j'emploie des mots qui, pour bien des investigateurs, prêtent à des significations différentes; mais, après avoir été témoin de l'état pénible de prostration nerveuse et corporelle dans laquelle quelques-unes de ces expériences ont laissé M. Home, après l'avoir vu dans un état de défaillance presque complète, étendu sur le plancher, pâle et sans voix, je puis à peine douter que l'émission de la *force psychique* ne soit accompagnée d'un épuisement correspondant de la force vitale.

» Je me suis hasardé à donner à cette nouvelle force le nom de *force psychique*, à cause de sa relation manifeste avec certaines considérations psychologiques, et parce que j'étais très désireux d'éviter que les conclusions précédentes ne fussent classées sous un titre qui, jusqu'ici, a été considéré comme dépendant d'un terrain d'où les arguments et les expériences sont bannis. Mais, comme j'ai trouvé que c'était du ressort de la recherche scientifique pure, j'ai dû le faire connaître par une appellation qui fût un nom scientifique, et je ne pense pas qu'on pût en choisir un autre qui lui convînt mieux.

» Pour être témoin des manifestations de cette force, il n'est pas nécessaire d'avoir accès auprès des psychistes en renom. Cette force est probablement possédée par tous les êtres humains, quoique les individus qui en sont doués avec une énergie extraordinaire soient sans doute rares. Pendant l'année qui vient de s'écouler, j'ai rencontré, dans l'intimité de quelques familles, cinq ou six personnes qui possèdent cette force d'une manière assez puissante pour m'inspirer pleinement la confiance que, par leur moyen, on aurait pu obtenir des résultats semblables à ceux qui viennent d'être décrits, pourvu que les expérimentateurs opérassent avec des appareils plus délicats et susceptibles de marquer une fraction de grain, au lieu d'indiquer seulement des livres et des onces.... Qu'il soit bien compris que, de même que toutes les autres expériences scientifiques, ces recherches doivent être conduites en parfait accord avec les conditions dans lesquelles la force se développe.

» De même que, dans les expériences d'électricité par frottement, c'est une condition indispensable que l'atmosphère soit exempte d'un excès d'humidité et qu'aucun corps conducteur ne doive toucher l'instrument, pendant que cette force s'engendre, de même on a trouvé que certaines conditions étaient essentielles à la production et à l'action de la force psychique ; et si ces précautions ne sont pas observées, les expériences ne réussisent pas.

» C'est ainsi que cette force psychique était défavorablement influencée par une lumière trop vive, par le rayonnement du regard (1), qu'elle se transmet à travers l'eau. »

M. Croockes a essayé sur elle l'influence de plusieurs lumières : lumière du soleil diffuse, clair de lune, gaz, lampe, bougie, lumière électrique, etc. Les rayons les moins favorables aux manifestations « semblent être ceux de l'extrémité du spectre. »

« Je dois rectifier, continue M. Croockes, une ou deux erreurs qui se sont profondément implantées dans l'espri du public. L'une, que l'obscurité est essentielle à la production des phénomènes, cela n'est pas le cas. Excepté en quelques circonstances, pour lesquelles l'obscurité a été une condition indispensable, comme par exemple les phénomènes d'apparitions lumineuses et quelques autres cas, *tout ce que je rapporte a eu lieu à la lumière...* Lorsque quelque raison particulière a exigé l'exclusion de la lumière, les résultats qui se sont manifestés l'ont été sous des conditions de contrôle si parfait que la suppression d'un de nos sens n'a réellement pas pu affaiblir la preuve fournie.

» Une autre erreur qui est commune consiste à croire que les manifestations ne peuvent se produire qu'à certaines heures et qu'en certains lieux — chez le médium, ou à des heures convenues d'avance — et partant de cette supposition erronée, on a établi une analogie entre les phénomènes appelés spirituels et les tours d'adresse des « prestidigitateurs » et des « sorciers » opérant sur leur propre théâtre et entourés de tout ce qui concerne leur art... Les centaines de faits que *je me prépare à attester* ont tous eu lieu dans ma *propre mai-*

---

(1) C'est pourquoi très souvent les médiums demandent l'obscurité et abritent leurs mains sous une table.

son, *aux époques désignées par moi et dans des circonstances qui excluaient absolument l'emploi et l'aide du plus simple instrument.*

» Une troisième erreur est celle-ci : c'est que le médium doit choisir son cercle d'amis et de compagnons qui doivent assister à sa séance. — Que ces amis doivent croire fermement à la vérité de n'importe quelle doctrine qu'énoncera le médium. — Qu'on impose à toute personne, dont l'esprit est investigateur, des conditions telles qu'elles empêchent complètement toute observation soigneuse. A cela je puis répondre qu'à l'exception de quelques cas fort peu nombreux.... *j'ai composé moi-même mon cercle d'amis, j'ai introduit tous les incrédules qu'il m'a plu d'introduire, et j'ai généralement imposé mes conditions choisies avec soin par moi-même*, pour éviter toute possibilité de fraude..... (1).»

Voici maintenant une déclaration du même expérimentateur dont le lecteur appréciera — sans que nous ayons besoin d'insister — toute la gravité :

«Une question importante s'impose ici à notre attention : *Ces mouvements et ces bruits sont-ils gouvernés par* »*une intelligence?* Dès le premier début de mes recher-»ches, j'ai constaté que le pouvoir qui produisait ces »phénomènes n'était pas simplement une force aveugle, »mais qu'une intelligence le dirigeait ou du moins lui »était associée... L'intelligence qui gouverne ces phéno-»mènes est quelquefois manifestement inférieure à celle »du médium, et elle est souvent en opposition directe »avec ses désirs... Cette intelligence est quelquefois d'un »caractère tel qu'on est *forcé de croire* qu'elle n'émane »d'aucun de ceux qui sont présents.»

---

(1) Croockes, *loc. cit*, p. 147 et suivantes.

Telles sont les expériences et les opinions de l'habile physicien anglais sur la Force psychique.

Ces expériences sont, en Psychologie occulte, devenues fondamentales, classiques : et si, pour notre compte, nous n'acceptons qu'avec les plus expresses réserves les expériences de matérialisations que fit plus tard le même M. Croockes avec Mlle Cook (nous en parlerons plus loin), nous devons dire que nous considérons comme à peu près décisives celles que nous venons d'exposer.

Et ici on ne peut pas invoquer le *testis unus testis nullus*, car des faits semblables ou analogues ont été constatés par divers expérimentateurs, tous dignes de foi, Gibier, Zœllner, Lepelletier, Lombroso, etc., etc.

Nous ne pouvons que consigner rapidement les résultats de leurs expériences, sans entrer dans les détails des précautions prises, des appareils construits spécialement, etc.

Zœllner (1), qui était professeur d'astronomie à l'Université de Leipzig, et qui est mort depuis, opéra avec un américain, Slade, qui devait, dans la suite, servir aux expériences de M. Gibier.

Voici les phénomènes produits par ce médium, dans la maison même de Zœllner (2) :

1° Mouvement, par la seule «force» de Slade, de l'aiguille aimantée renfermée dans la boîte d'une boussole (3);

---

(1) Zœllner : *Wissenschaftliche Abhandlungen*, 1877-81. Leipzig (4 vol. in-8).

(2) Voir le *Spiritisme*, de M. Gibier, p. 307.

(3) Louis Lucas avait déjà observé que l'approche de certaines personnes faisait dévier l'aiguille d'un galvanomètre très sensible.(*Chimie nouvelle*). Mais il resterait à démontrer que ce ne sont pas les vibrations caloriques qui provoquent cette déviation.

2° Coups frappés dans une table ; couteau projeté, sans contact, à la hauteur d'un pied ;

3° Mouvements d'objets lourds, le lit de M. Zœllner, transporté à deux pieds du mur, Slade étant assis, le dos tourné au lit, les jambes croisées et bien en vue ;

4° Un écran est brisé avec fracas, sans contact avec le médium, et les morceaux sont projetés à cinq pieds de lui ;

5° Ecriture produite à plusieurs reprises entre deux ardoises appartenant à Zœllner et tenues bien en vue ;

6° Aimantation d'une aiguille d'acier ;

7° Réaction acide donnée à des substances neutres, etc., etc.

En France, c'est le docteur Gibier, ancien interne des Hôpitaux de Paris, qui voulut, le premier, soumettre à l'expérimentation scientifique les Phénomènes spirites. Il opéra avec le même Slade.

«Nous avons eu, dit-il (1), trente-trois séances, dont »trois dans notre maison même ; sur ces trente-trois »séances, plus de la moitié ont été presque nulles, deux »n'ont donné aucun résultat... Les personnes qui ont as- »sisté à nos séances avec Slade nous sont connues : l'idée »de compérage doit donc être éliminée ; nous avons été »parfois quatre et même cinq personnes, y compris le »médium, mais nous n'avons jamais été moins de trois, »dans toutes circonstances... Nous pouvons affirmer, »après examen, qu'aucun mécanisme n'existait dans les »meubles qui nous ont servi. Nous avons une certaine »compétence sur ce point, et nous pouvons garantir ce »que nous avançons.»

M. Gibier constata plusieurs faits analogues à ceux ob-

---

(1) *Spiritisme*, p. 323.

servés par Croockes et par Zœllner : mouvements de corps plus ou moins lourds, sans contact avec le médium, objets brisés par simple contact, corps transportés, sans que Slade les touchât, etc., etc.

Citons les observations suivantes :

Le 29 avril 1886, dans une séance de jour, Slade était assis en face de la fenêtre, ses pieds tournés de notre côté ; quand il faisait face à la table, nous étions à sa droite. Tout à coup, une chaise, placée à un mètre vingt centimètres (nous avons mesuré exactement à l'aide d'un mètre double en ruban), fit un demi-tour sur elle-même et vint se jeter contre la table, comme attirée par un aimant.

Le 11 mai 1886, Slade, dans la position ordinaire (comme ci-dessus), en plein jour (3 heures et demie de l'après-midi), un bahut placé à 75 centimètres de la chaise de Slade, se mit en mouvement assez lentement d'abord, en quittant le mur où il était appuyé, pour qu'on pût s'assurer qu'aucun contact n'existait entre ce meuble et les objets qui l'entouraient ; puis il vint frapper violemment contre la table que nous entourions. Slade tournait le dos au bahut ; M. A... et nous-même lui faisions face. Nous ne pouvons dire l'effet produit par ce meuble massif, semblant s'animer, pour l'instant, d'une vie propre.

Le même jour, une chaise placée à côté du meuble en question fut renversée, quelques instants plus tard, à près de deux mètres du médium.

Le 12 mai, sur notre demande, une chaise fut comme mue par un ressort et s'élança à 1 m. 50 de hauteur (1).

Mais le fait sur lequel porta plus spécialement l'enquête de M. Gibier fut celui de l'*écriture automatique*.

Et il ne s'agit plus ici des lignes que trace la main du médium, alors qu'il assure être l'interprète d'une autre personnalité qui, pour un instant, s'est *incarnée* en lui. M. Janet a fait de ce dernier phénomène une analyse très pénétrante et il l'explique par la dualité cérébrale et l'au-

---

(1) Gibier, *loc. cit.*, p. 327, 328.

tomatisme psychologique (1). L'*écriture spontanée* dont nous parlons est celle qui est tracée sans que les mains du médium paraissent en rien intervenir.

Evidemment, dans les deux cas, la nature de la pensée peut être la même, mais sa manifestation physique est bien différente

«Nous avons vu plus de cent fois, dit M. Gibier, des »caractères, des dessins, des lignes et même des phrases »entières se produire, à l'aide d'une petite touche, sur »des ardoises que Slade tenait, et même entre deux ar- »doises avec lesquelles il *n'avait aucun contact*, et qui »nous appartenaient, que nous avions achetées nous- »même dans une papeterie quelconque de Paris et que «nous avions marquées de notre signature... En somme, »il ne nous a manqué qu'une chose: voir l'écriture se »tracer sous nos yeux.»

Voici la relation de l'une des plus typiques expériences de ce genre :

Expérience VIII (2)

Nous appelons toute l'attention du lecteur sur cette expérience, à laquelle nous laissons, comme aux précédentes, sa rédaction primitive :

30 juin 1886. — J'ai fait, aujourd'hui, à 5 heures, chez Slade, une observation plus curieuse que les autres, dans ce sens que le «phénomène» de l'écriture s'est produit dans deux ardoises m'appartenant et auxquelles *Slade n'a pas touché*.

J'avais apporté plusieurs ardoises, deux entre autres enveloppées dans du papier, ficelées ensemble, cachetées et vissées. Je désirais obtenir de l'écriture dans ces ardoises et je demandai à Slade si cela était possible. « Je ne sais pas, me répondit-il, je vais le demander. »

---

(1) Voir son livre l'*Automatisme psychologique*, p. 397 et suiv.
(2) Gibier, *loc. cit.*, p. 366.

Je proposai alors d'avoir une réponse dans deux ardoises neuves que j'avais apportées dans ma serviette, ce qui me fut accordé.

Dans une séance antérieure, un visiteur est venu chez Slade et a obtenu, m'a-t-on dit, de l'écriture dans deux ardoises qu'il tenait sous ses pieds. J'ai demandé et obtenu la permission, après avoir mis la petite touche traditionnelle entre elles deux, de m'asseoir sur mes ardoises. Les ayant donc posées sur ma chaise, je m'assis dessus et ne les quittai de la main que lorsque tout le poids de mon corps porta sur elles. Je plaçai alors mes mains sur la table avec celles de Slade et je *sentis et entendis* alors, très nettement, que de l'écriture se traçait sur l'ardoise avec laquelle j'étais en contact.

Quand ce fut fini, je retirai *moi-même* mes deux ardoises, et je lus les douze mots suivants, fort mal écrits, du reste, mais enfin *écrits* et lisibles quand même : *Les ardoises sont difficiles à influencer, nous ferons ce que nous pourrons.*

Slade n'avait pas touché aux ardoises. Je ne pus en obtenir davantage.

Dans une autre expérience (Expérience X), M. Gibier et plusieurs autres personnes obtinrent, non seulement de l'écriture sur des ardoises, dans les mêmes conditions, mais encore le transport de ces mêmes ardoises, sans contact apparent avec les mains d'aucune personne.

« Il y a des faits, dit M. Gibier en terminant son livre, ne »nous lassons pas de le dire, des faits positifs, inélucta- »bles.... Nous ne pouvons plus reculer ; les faits sont là »qui nous pressent. Nous avons beau nous débattre et »dire « cela n'est pas possible », ils nous répondent « cela »est ». Nous objectons un « mais », on nous réplique »par « un fait », et comme l'a dit Russel Vallace, les faits »sont choses opiniâtres ».

Nous ne pouvons insister sur les expériences qu'à son tour M. H. Lepelletier a instituées sur la Force psychique. On en trouvera les détails dans le livre de M. Plytoff sur *la Magie* (1).

---

(1) Plytoff: *La Magie*, p. 37 et suiv. (Germer-Baillière, 1892).

Depuis deux ans, cette question des phénomènes physiques occultes est particulièrement à l'étude, et nous allons avoir à citer des observations publiées par des hommes chez qui la haute situation scientifique dont ils jouissent n'a diminué en rien l'indépendance intellectuelle et l'esprit d'investigation. Si la réalité de ces phénomènes devient de plus en plus probable, la certitude à leur égard n'est pas encore faite : la preuve dernière, irréfutable, mathématique, manque encore ; du reste, n'en est-il pas malheureusement ainsi, presque partout en Psychologie occulte ? Mais cette certitude, cette preuve dernière, les documents qui suivent la font espérer prochaine...

Voici d'abord la déclaration catégorique que M. Lombroso a publiée en 1891, et par laquelle le chef de l'Ecole d'anthropologie criminelle d'Italie reconnaît l'existence des Phénomènes occultes et les juge dignes d'un intérêt scientifique sérieux.

Il a recommencé ses investigations en septembre et octobre 1892, avec le concours de MM. Richet, Aksakof, Du Prel, et de plusieurs autres savants italiens. Nous donnerons, à la fin de cette deuxième partie de notre travail, et comme une sorte de résumé synthétique des divers phénomènes médianimiques, le compte rendu de ces nouvelles expériences — documents dont on saisit sans peine toute l'importance et que l'on doit considérer comme le dernier mot dit, jusqu'ici, par la science officielle sur ce troublant et mystérieux sujet.

On nous reprochera peut-être d'avoir, en cette étude, multiplié les documents ; on nous reprochera surtout, peut-être, la longueur de ceux-ci. Disons, une fois pour toutes, que nous n'écrivons pas pour aligner des phrases : nous voulons, sinon prouver l'absolue réalité des faits dont nous parlons, du moins montrer qu'ils méritent une attention scientifique sérieuse, que des hommes éminents en ont jugé ainsi, et que la Psychologie occulte sort enfin de l'empirisme grossier où on l'avait reléguée jusqu'à présent. Or, pour cela, la seule méthode est de citer longuement les auteurs qui présentent des faits ou qui émettent des opinions, avec une autorité que nous ne saurions posséder nous-même. Pareil système peut paraître fastidieux ; en des matières encore si discutées, il n'en est pas moins le seul valable.

Les premières expériences de M. Lombroso eurent lieu à Naples. Le savant italien était assisté de plusieurs de ses collègues et expérimentait avec le médium Eusapia Paladino. Nous donnons ici le second rapport que M. E. Ciolfi, le compagnon de Mme Eusapia, a écrit et présenté, après les expériences, à l'approbation de M. Lombroso. On trouvera à la suite de ce rapport la déclaration de ce dernier (1).

Deuxième séance

Naples, 15 juin 1891.

« Cher Ami,

»Ainsi que je vous l'avais écrit, le lundi 2 courant, à 8 heures du soir, j'arrivais à l'hôtel de Genève, accompagné du médium, *Mme Eusapia Paladino*. Nous avons été reçus sous le péristyle par MM. Lombroso, Tamburini, Ascensi et plusieurs personnes qu'ils avaient invitées, les professeurs Gigli, Limoncelli, Vizioli, Bianchi, directeur de l'hospice d'aliénés de Sales, le docteur Penta et un jeune neveu de M. Lombroso, qui habite Naples.

»Après les présentations d'usage, on nous a priés de monter à l'étage

---

(1) Nous empruntons ces documents aux *Annales des Sciences Psychiques*, nº 5, première année.

le plus élevé de l'hôtel, où l'on nous a fait entrer dans une grande pièce à alcôve.

»Déjà, dans la matinée, Mme Paladino avait été examinée par M. Lombroso, qui invita néanmoins ses collègues et amis à procéder avec lui à un nouvel examen psychiatrique du médium.

»L'examen terminé, et avant de prendre place autour d'une lourde table qui se trouvait là, on baissa les grands rideaux d'étoffe qui fermaient l'alcôve, puis, derrière ces rideaux, à une distance de plus d'un mètre, mesurée par MM. Lombroso et Tamburini, on plaça dans cette alcôve un guéridon avec une soucoupe de porcelaine remplie de farine, dans l'espoir d'y obtenir des empreintes, une trompette en fer-blanc, du papier, une enveloppe cachetée contenant une feuille de papier blanc, pour voir si l'on ne trouverait pas de l'*écriture directe.*

»Après quoi, tous les assistants, moi excepté, visitèrent soigneusement l'alcôve, afin de s'assurer qu'il ne s'y trouvait rien de préparé pour surprendre leur bonne foi.

»Mme Paladino s'assit à la table, à cinquante centimètres des rideaux de l'alcôve, leur tournant le dos ; puis, sur sa demande, elle eut le corps et les pieds liés à sa chaise, au moyen de bandes de toile, par trois professeurs, qui lui laissèrent uniquement la liberté des bras. Cela fait, on prit place à table dans l'ordre suivant : à gauche, Mme Eusapia, M. Lombroso ; puis, en suivant, M. Vizioli, moi, le neveu de M. Lombroso, MM. Gigli, Limoncelli, Tamburini ; enfin, le docteur Penta, qui complétait le cercle et se trouvait à gauche du médium.

»Sur ma demande formelle, les personnes assises à table plaçaien les mains dans celles de leurs voisins et se mettaient en contact avec eux par les pieds et par les genoux. De la sorte, plus d'équivoque, de doute, ni de malentendu possible.

»MM. Ascensi et Bianchi refusèrent de faire partie du cercle et restèrent debout, derrière MM. Tamburini et Penta.

»Je laissai faire, persuadé que c'était là une combinaison préméditée pour redoubler de vigilance. Je me bornai à recommander que, tout en observant avec le plus grand soin, chacun se tînt tranquille. Les expériences commencèrent à la lumière de bougies en nombre suffisant pour que la pièce fût bien éclairée....

»Après une longue attente, la table se mit en branle, lentement d'abord, puis avec plus d'énergie ; toutefois, les mouvements restèrent intermittents, laborieux et beaucoup moins vigoureux qu'à la séance de samedi. La table réclama spontanément, par des battements de pied représentant des lettres de l'alphabet, que MM. Limoncelli et Penta prissent la place l'un de l'autre. Cette mutation opérée, la table indiqua de faire de l'obscurité. Il n'y eut pas d'opposition et chacun conserva la place qu'il occupait. Un moment après, et avec plus de force cette fois, reprirent les mouvements de la table, au milieu de laquelle des coups violents se firent entendre. Une chaise, placée à la droite de M. Lombroso, tenta l'ascension de la table, puis se tint suspendue au bras du savant professeur. Tout d'un coup, les rideaux de l'alcôve s'agitèrent et furent projetés sur la table, de façon à envelopper M. Lombroso, qui en fut très ému, comme il l'a déclaré lui-même.

»Tous ces phénomènes, survenus à de longs intervalles, dans l'obscurité et au milieu des conversations, ne furent pas pris au sérieux; on voulut n'y voir que des effets du hasard ou des plaisanteries de quelques-uns des assistants qui avaient voulu s'égayer aux dépens des autres.

»Pendant qu'on se tenait dans l'expectative, discutant sur la valeur des phénomènes et le plus ou moins de cas à en faire, on entendit le bruit de la chute d'un objet. La lumière allumée, on trouva à nos pieds, sous la table, la trompette qu'on avait placée sur le guéridon, dans l'alcôve, derrière les rideaux. Ce fait, qui fit beaucoup rire MM. Bianchi et Ascensi, surprit les expérimentateurs et eut pour conséquence de fixer davantage leur attention. On refit l'obscurité et, à de longs intervalles, à force d'insistance, on vit paraître et disparaître quelques lueurs fugitives. Ce phénomène impressionna MM. Bianchi et Ascensi et mit un terme à leurs railleries incessantes, si bien qu'ils vinrent, à leur tour, prendre place dans le cercle. Au moment de l'apparition des lueurs, et même quelque temps après qu'elles eurent cessé de se montrer, MM. Limoncelli et Tamburini, à la droite du médium, dirent qu'ils étaient touchés, à divers endroits, par une main. Le jeune neveu de M. Lombroso, absolument sceptique, qui était venu s'asseoir à côté de M. Limoncelli, déclara qu'il sentait les attouchements d'une main de chair et demanda avec insistance qui faisait cela. Il oubliait — à la fois douteux et naïf — que toutes les personnes présentes, comme lui-même, d'ailleurs, formaient la chaîne et se trouvaient en contact réciproque.

»Il se faisait tard, et, comme je l'ai dit, le peu d'homogénéité du cercle entravait les phénomènes. Dans ces conditions, je crus devoir lever la séance et faire rallumer les bougies.

»Pendant que MM. Limoncelli et Vizioli prenaient congé, le médium encore assis et lié, nous tous, debout autour de la table, causant de nos phénomènes lumineux, comparant les effets rares et faibles obtenus dans la soirée avec ceux du samedi précédent, cherchant la raison de cette différence, nous entendîmes du bruit dans l'alcôve, nous vîmes les rideaux qui la fermaient agités fortement, et le *guéridon qui se trouvait derrière eux s'avancer lentement vers Mme Paladino*, toujours assise et liée. A l'aspect de ce phénomène étrange, inattendu, et en pleine lumière, ce fut une stupeur et un ébahissement général. M. Bianchi et le neveu de M. Lombroso se précipitèrent dans l'alcôve, avec l'idée qu'une personne cachée y produisait le mouvement des rideaux et du guéridon. Leur étonnement n'eut plus de bornes après qu'ils eurent constaté qu'il n'y avait personne et que, sous leurs yeux, le guéridon continuait de glisser sur le parquet, dans la direction du médium. Ce n'est pas tout : le professeur Lombroso fit remarquer que, sur le guéridon en mouvement, la soucoupe était retournée sens dessus dessous, sans que, de la farine qu'elle contenait, il se fût échappé une parcelle; et il ajouta qu'aucun prestidigitateur ne serait capable de faire un pareil tour.

»En présence de ces phénomènes survenus après la rupture du cercle, de façon à écarter toute hypothèse de courant magnétique, le professeur Bianchi, obéissant à l'amour de la vérité et de la science, avoua que c'était lui qui avait, par manière de plaisanterie, combiné et exécuté la chute de la trompette ; mais que, devant de pareils faits, il ne pouvait plus nier et allait se mettre à les étudier avec soin, pour en rechercher les causes. Le professeur Lombroso se plaignit du procédé et fit observer à M. Bianchi qu'entre professeurs réunis pour faire en commun des études et des recherches scientifiques, de semblables mystifications, de la part d'un professeur tel que lui, ne pouvaient porter atteinte qu'au respect dû à la science. Le professeur Lombroso, en proie à la fois au doute et aux mille idées qui lui mettaient l'esprit à la torture, prit l'engagement d'assister à de nouvelles réunions spirites, à son retour de Naples, l'été prochain.

»J'ai, depuis, rencontré le professeur Bianchi ; il a vivement insisté pour avoir une autre séance de Mme Paladino et a manifesté le désir de la voir, à l'asile d'aliénés, pour l'examiner à loisir.

»Croyez-moi, etc.»

E. Ciolfi.

Enfin, voici la lettre dans laquelle le professeur Lombroso — avec une bonne grâce aussi courageuse que rare — proclame sa conversion et fait amende honorable à l'Occulte.

« Cher Monsieur,

»Les deux rapports que vous m'adressez sont de la plus complète exactitude. J'ajoute qu'avant qu'on eût vu la farine renversée, le médium avait annoncé qu'il en saupoudrerait le visage de ses voisins ; et tout porte à croire que telle était son intention, qu'il n'a pu réaliser qu'à moitié, preuve nouvelle, selon moi, de la parfaite honnêteté de ce sujet, jointe à son état de semi-inconscience.

»Je suis tout confus et au regret d'avoir combattu avec tant de persistance la possibilité des faits dits spirites (spiritici); je dis des faits, parce que je reste encore opposé à la théorie.

»Veuillez saluer, en mon nom, M. E. Chiaja, et faire examiner, si c'est possible, par M. Albini, le champ visuel et le fond de l'œil du médium, sur lesquels je désirerais me renseigner.

»Votre bien dévoué,   C. LOMBROSO (1).

»Turin, 25 juin 1891.

»A M. Ernesto Ciolfi, à Naples. »

Rappelons que l'on trouvera plus loin — comme une sorte de finale synthétique, résumant et renforçant cette seconde partie de notre travail — le compte rendu des nouvelles expériences, entreprises avec la même Eusapia, par M. Lombroso, assisté de M. Richet et de plusieurs de ses collègues.

Et maintenant, qu'ajouterons-nous ?

Nous venons d'exposer tout au long les recherches que des hommes, d'une supériorité scientifique et d'une bonne foi universellement reconnues, ont faites sur cette absurdité mécanique que constituent les mouvements d'objets sans contact. Si, malgré leur autorité, il serait irrationnel de vouloir les croire, les yeux fermés, ne serait-il pas plus imprudent d'infirmer par des doutes sys-

---

(1) Nous verrons plus loin comment M. Lombroso essaie d'expliquer les faits dònt il a été témoin.

tématiques, par une étroite pusillanimité d'esprit, la valeur de leurs travaux et surtout l'intérêt qu'ils présentent (1)?

Pour nous — bien que n'ayant jamais pu constater, d'une façon indubitable, l'action à distance d'un médium, — après avoir minutieusement analysé les observations des autres et recueilli d'assez nombreux témoignages, nous regardons cette action à distance comme étant, de tous les Phénomènes physiques occultes, celui dont la réalité est la plus proche de l'évidence (2).

Et pour étayer en nous cette opinion, nous rapprochons des postulats de cette Science de l'Occulte, qui ne fait que naître, les ultimes résultats atteints par la Science officielle, en la plus féconde peut-être de ses branches ; nous essayons de légitimer, dans notre esprit, les plus déconcertants des prodiges médianimiques, en nous remémorant les étonnantes et si suggestives découvertes, faites récemment en Electricité, et ces paroles de M. Croockes nous reviennent (3) :

« Les phénomènes de l'électrolyse ne sont pas encore »bien connus et bien coordonnés ; cependant, ce que »nous en savons nous laisse entrevoir que, suivant toute »probabilité, l'électricité est atomique et qu'un atome »d'électricité est une quantité aussi exactement définie »qu'un atome chimique…. On a calculé que, dans un seul

---

(1) Disons, du reste, que la question des mouvements d'objets sans contact est plus que jamais à l'ordre du jour des Recherches psychiques, et qu'en Angleterre comme en France, les résultats obtenus sont des plus satisfaisants.

(2) Voir, dans les *Annales des Sciences Psychiques*, une étude documentée de M. Meyers, sur les *Mouvements d'objets sans contact*, n° 4, 2ᵉ année et numéros suivants.

(3) Discours prononcé le 15 novembre 1891, au dîner offert par la Société des Electriciens.

»pied cube de l'éther qui remplit les espaces, il y a, à
»l'état latent, 10,000 tonnes d'énergie qui avaient jusque-
»là échappé à nos observations. S'emparer de ce trésor
»et l'assujettir aux services de l'humanité, telle est la
»tâche qui s'offre aux électriciens de l'avenir. Les recher-
»ches les plus récentes nous donnent l'espoir fondé que
»ces vastes réservoirs de puissance ne sont pas absolu-
»ment hors de notre portée…. Au moyen de courants
»alternatifs d'une extrême fréquence, le professeur Tesla
»est arrivé à porter à l'incandescence le filament d'une
»lampe, par induction, à travers le verre, *et sans le rallier*
»*par des conducteurs à la source d'électricité*. Il a fait plus,
»*il a illuminé une pièce entière en y produisant des con-*
»*ditions telles qu'un appareil, placé n'importe où, y était*
»*mis en jeu sans être relié électriquement avec quoi que ce*
»*soit*. . . Les vibrations lentes auxquelles nous faisons
»allusion nous révèlent encore un fait surprenant : la
»possibilité d'établir des télégraphes sans fils, sans po-
»teaux, sans câbles, sans aucune des coûteuses instal-
»lations actuelles. »

Et M. de Rochas, qui cite ces paroles du physicien anglais, ajoute :

« Si l'on se rappelle encore les expériences de M. Elihu
»Thompson qui, à l'aide des courants alternatifs dont il
»vient d'être question, a pu *produire à distance des mou-*
»*vements considérables d'un corps quelconque, suffisamment*
»*conducteur pour des courants induits de même nature*, on
»sera certainement tenté de ne plus considérer comme
»improbable l'explication naturelle, dans un avenir plus
»ou moins lointain, de la *Télépathie*, de la *Lévitation*
»et des *Phénomènes lumineux* produits par les mé-
»diums (1). »

---

(1) De Rochas : *Les Etats profonds de l'Hypnose*, p. 111, note, (Chamuel, Carré, 1892.)

LÉVITATION

Avant de passer à l'étude de phénomènes occultes d'un autre genre, nous désirons décrire un peu plus longuement l'un de ceux dont nous venons de parler et qui présente cet intérêt particulier qu'ici la Force psychique (si Force psychique il y a) semble produire ses effets sur le corps de l'être lui-même qui l'émet ; et cela de façon telle que les conditions physiologiques normales de cet être en paraissent absolument changées.

Nous voulons parler de la *Lévitation*, ou soulèvement spontané du corps. Le phénomène peut durer plusieurs minutes, pendant lesquelles le corps du sujet flotte dans l'air à une hauteur plus ou moins grande.

Le colonel de Rochas a publié une excellente étude de la Lévitation, dans la *Revue Scientifique* du 12 septembre 1885, à une époque, on le sait, où il y avait une certaine hardiesse à aborder de pareilles questions. Nous ne saurions mieux faire que de le prendre pour guide, en la description d'un phénomène que nous n'avons jamais pu constater.

« De tous les faits merveilleux, dit M. de Rochas, il »n'en est certes aucun qui paraisse plus en contradiction »avec ce que l'on considère comme les lois de la nature ; »il n'en est aucun qui prête moins à la supercherie. »

L'auteur commence par citer rapidement les nombreux cas de lévitation que l'on trouve dans les histoires religieuses de l'Orient et de l'Occident.

« Depuis un temps immémorial, dit-il, on a constaté »chez les Brahmanes de l'Inde le phénomène de la lévi- »tation.

»Damis les a vu, dit Philostrate, s'élever en l'air, à

»la hauteur de deux coudées, non pour étonner, mais
»parce que, selon eux, tout ce qu'ils font en l'honneur
»du soleil, à quelque distance de la terre», est plus digne
»de ce Dieu.

» La propriété de rester suspendu en l'air était un des
»caractères distinctifs des dieux et des héros ascètes.

» Les histoires de lévitation « sont assez nombreuses
»dans les livres sacrés de l'Inde, mais elles s'y présen-
»tent généralement sous une forme mystique qui per-
»mettrait à l'esprit de se méprendre sur le véritable
»caractère du phénomène, si des faits contemporains ne
»venaient en préciser la nature. »

Voici ce que raconte à ce sujet M. Louis Jacolliot, qui
a longtemps résidé à Chandernagor, en qualité de président du Tribunal. Il avait rencontré à Bénarès un fakir
charmeur, du nom de Covindassami, qui, après s'être
livré au jeûne et à la prière, pendant une vingtaine de
jours, produisit, entre autres faits prodigieux, les deux
suivants (1) :

« Ayant pris une canne en bois de fer que j'avais apportée de
»Ceylan, dit M. Jacolliot, il appuya la main sur la pomme, et, les
»yeux fixés en terre, il se mit à prononcer les conjurations magiques
»de circonstance et autres mômeries dont il avait oublié de me grati-
»fier les jours précédents...

»Appuyé d'une seule main sur la canne, le fakir s'éleva graduelle-
»ment à deux pieds environ au-dessus du sol, les jambes croisées à
»l'orientale, et resta dans une position assez semblable à celle de ces
»boudhas en bronze, que tous les touristes des paquebots rapportent
»de l'Extrême-Orient... Pendant vingt minutes, je cherchai à com-
»prendre comment Covindassami pouvait ainsi rompre avec toutes les
»lois de l'équilibre... Il me fut impossible d'y parvenir ; aucun sup-

---

(1) Jacolliot : *Voyage au pays des Fakirs charmeurs.*

»port apparent ne le liait au bâton, qui n'était en contact avec son »corps que par la paume de sa main droite. »

« Il faut remarquer, ajoute M. de Rochas, que la scène se passait sur la terrasse supérieure de la maison de M. Jacolliot, et que le fakir était presque entièrement nu. » De même pour cet autre phénomène :

« Au moment où il me quittait pour aller déjeuner et faire quelques heures de sieste, ce dont il avait le plus pressant besoin, n'ayant rien pris et ne s'étant point reposé depuis vingt-quatre heures, le fakir s'arrêta à l'embrasure de la porte qui conduisait de la terrasse à l'escalier de sortie, et, croisant les bras sur la poitrine, il s'éleva ou me parut s'élever peu à peu, sans soutien, sans support apparent, à une hauteur d'environ vingt-cinq ou trente centimètres. Je pus fixer exactement cette distance, grâce à un point de repère dont je m'assurai pendant la durée rapide du phénomène. Derrière le fakir, se trouvait une tenture de soie servant de portière, rouge, or et blanc, par bandes égales, et je remarquai que les pieds du fakir étaient à la hauteur de la sixième bande. En voyant commencer l'ascension j'avais saisi mon chronomètre. La production entière du phénomène, du moment où le charmeur commença à s'élever à celui où il toucha de nouveau le sol, ne dura pas plus de huit à dix minutes. Il resta, à peu près cinq minutes immobile, dans son mouvement d'élévation. Aujourd'hui, que je réfléchis à cette scène étrange, il m'est impossible de l'expliquer autrement que je ne l'ai fait pour tous les phénomènes que ma raison s'était déjà refusée à admettre.., c'est-à-dire par toute autre cause qu'un sommeil magnétique me laissant lucide, tout en me faisant voir, par la pensée du fakir, tout ce qui pouvait lui plaire... »

M. de Rochas cite encore quelques cas de lévitation observés dans l'Inde par d'autres contemporains (1):

---

(1) L'Inde est encore aujourd'hui, ainsi que nous l'avons dit, la terre d'élection du Merveilleux. Nous avions même pensé à lui consacrer un chapitre spécial, dans lequel nous aurions examiné les divers « miracles » produits par les Fakirs : germination d'une graine en quelques heures, sommeil cataleptique sous terre pendant des mois, etc., etc. Malheureusement, toutes ces merveilles, que nous ont énergiquement affirmées nombre de personnes qui en avaient été témoins, n'ont pas encore été soumises à un contrôle scientifique sérieux. Il y a, paraît-il, dans la péninsule gangétique, d'extraor-

« Si de l'Orient, dit-il ensuite, nous passons à l'Occi-
»dent, nous trouvons des exemples de lévitation, consi-
»gnés par centaines, dans les Annales du christianisme,
»depuis l'évangile de saint Mathieu (IV, 5, 6) qui nous
»montre Jésus porté du désert au pinacle du Temple et
»sur la cime d'une montagne. »

Servi par une érudition très étendue et très sûre, l'auteur signale ensuite de nombreux cas de soulèvements spontanés du corps chez les ascètes et les mystiques du Moyen-Age et des temps modernes, et il fait remarquer que le phénomène se produisait plus souvent quand ils étaient dans l'état d'extase si clairement décrit par sainte Thérèse.

« Il serait intéressant, dit à ce sujet M. de Rochas, de
»savoir si ces extases, paraissant former le premier degré
»de lévitation, produisent une diminution dans le poids
»du sujet. N'ayant pas eu l'occasion, fort difficile à sai-
»sir, de peser une extatique religieuse, j'ai, du moins,
»tenté l'expérience dans un cas d'extase hypnotique,
»provoquée, et je n'ai constaté aucune variation de
»poids ; mais je dois ajouter que le sujet ne cherchait
»point à s'élever dans la pose qui lui était habituelle,

---

dinaires prestidigitateurs, dont il faudrait cependant distinguer les Fakirs, faiseurs de miracles. Ceux-ci, en leur qualité de membres inférieurs de la caste sacerdotale, habitent en commun des retraites situées dans le haut Tibet, d'où ils descendent, à certaines époques de l'année, pour se répandre sur les côtes. C'est aussi dans ces retraites des montagnes qu'habiteraient les fameux *Mahatmas*, les mystérieux et puissants Initiés dont on a tant parlé, et sur le compte desquels on ne sait en réalité rien qui vaille. Quoi qu'il en soit, et maintenant que la Science occidentale admet, dans l'Occulte, autre chose qu'une constante supercherie, il y aurait pour des Européens, et surtout pour les médecins de la marine, d'intéressantes recherches à faire sur le Merveilleux, en ces régions.

»pose qu'il n'a pas été possible de modifier par sugges-
»tion.

» Les phénomènes de lévitation sembleraient, d'après
»ce que nous venons de dire, être la spécialité des
»ascètes de toutes les religions et se produire plus fré-
»quemment dans certaines races, dans certaines familles
»que dans d'autres ; ainsi on a certainement remarqué
»que le plus grand nombre des cas cités se sont pro-
»duits (en Occident) chez les Espagnols ou les Italiens,
»et que la maison royale de Hongrie en a présenté cinq
»exemples. Cette singulière propriété a cependant été
»attribuée aussi à des personnes dont le genre de vie a
»été fort différent de celui des religieux, car on doit
»considérer le transport des sorcières au sabbat comme
»un fait de même ordre que les transports des
»saints.... (1). »

Ces témoignages des temps passés, dont on peut, sans faire preuve d'une trop craintive incrédulité, contester l'authenticité, prennent tout de suite une valeur plus grande quand on les compare aux cas de lévitation qu'ont observés scientifiquement quelques auteurs contemporains.

Ici, comme partout ailleurs en Psychologie occulte, il faut en revenir aux travaux de Croockes.

Voici les cas de lévitation qu'il a observés (2) :

Enlèvements de corps humains. — Ces faits se sont produits quatre fois en ma présence, dans l'obscurité. Le contrôle sous lequel ils eurent lieu fut tout à fait satisfaisant, autant du moins qu'on peut en juger ; mais la démonstration, par les yeux, d'un fait pareil est si néces-

---

(1) Voir, pour le détail de ces voyages aériens : la *Mystique divine* de l'abbé Ribet, la *Mystique* de Gœrres, etc.
(2) Voir son livre : *De la Force psychique*, p. 156 et suivantes.

saire pour détruire les idées préconçues « sur ce qui est naturellement possible ou ne l'est pas », que je ne mentionnerai ici que les cas où les déductions de la raison furent confirmées par le sens de la vue.

En une occasion, je vis une chaise, sur laquelle une dame était assise, s'élever à plusieurs pouces du sol. Une autre fois, pour écarter tout soupçon que cet enlèvement était produit par elle, cette dame s'agenouilla sur la chaise, de telle façon que les quatre pieds en étaient visibles pour nous. Alors elle s'éleva à environ trois pouces, demeura suspendue pendant dix secondes à peu près et ensuite descendit lentement. Une autre fois encore deux enfants, en deux occasions différentes, s'élevèrent du sol avec leurs chaises, en plein jour et sous les conditions les plus satisfaisantes pour moi, car j'étais à genoux et je ne perdais pas de vue les pieds de la chaise, remarquant bien que personne ne pouvait y toucher.

Les cas d'enlèvement les plus frappants dont j'ai été témoin ont eu lieu avec M. Home. En trois circonstances différentes, je l'ai vu s'élever complètement au-dessus du plancher de la chambre. La première fois, il était assis sur une chaise longue ; la seconde fois, il était à genoux sur la chaise, et la troisième, il était debout. A chaque occasion, j'eus toute la latitude possible d'observer le fait au moment où il se produisait.

Il y a au moins *cent cas bien constatés* de l'enlèvement de M. Home, qui se sont produits en présence de beaucoup de personnes différentes ; et j'ai entendu, de la bouche même de trois témoins, le comte de Dunraven, lord Lindsay et le capitaine C. Wynne, le récit des faits de ce genre les plus frappants, accompagnés des moindres détails de ce qui se passa. Rejeter l'évidence de ces manifestations équivaut à rejeter tout témoignage humain, quel qu'il soit, car il n'est pas de fait, dans l'histoire sacrée ou dans l'histoire profane, qui s'appuie sur des preuves plus imposantes.

Donnons maintenant, d'après Home lui-même (1), la description des états intimes par lesquels passe le sujet, lors de la lévitation.

---

(1) Dunglas Home : *Révélations sur ma vie surnaturelle*. Paris, 1864, p. 52-53.

Durant ces élévations, dit-il, je n'éprouve rien de particulier en moi, excepté cette sensation ordinaire dont je renvoie la cause à une grande abondance d'électricité dans mes pieds ; je ne sens aucune main me supporter et, depuis ma première ascension..., je n'ai plus éprouvé de craintes, quoique, si je fusse tombé de certains plafonds où j'avais été élevé, je n'eusse pu éviter des blessures sérieuses. Je suis, en général, soulevé perpendiculairement, mes bras raides et soulevés par-dessus ma tête, comme s'ils voulaient saisir l'être invisible qui me lève doucement du sol. Quand j'atteins le plafond, mes pieds sont amenés au niveau de ma tête et je me trouve dans une position de repos. J'ai demeuré souvent ainsi suspendu pendant quatre ou cinq minutes .. Une seule fois, mon ascension se fit en plein jour, c'était en Amérique... En quelques occasions, la rigidité de mes bras se relâche, et j'ai fait avec un crayon des lettres et des signes sur le plafond, qui existent encore, pour la plupart, à Londres (1).

Voilà un petit fait qui, soigneusement constaté, couperait court à toute supposition d'hallucination provoquée par le médium.

M. de Rochas fait remarquer que « Home est, comme »les ascètes, sujet aux visions et aux anesthésies. »

Quant à sa véracité, on peut évidemment la suspecter, puisqu'on sait qu'il a été pris plusieurs fois en flagrant délit de supercherie ; mais, d'un côté, les faits dont il s'agit ont été constatés par des observateurs très perspicaces, et de l'autre, on verra plus loin, quand nous parlerons en détail des médiums, qu'il ne suffit nullement qu'un médium soit surpris une ou plusieurs fois « la main dans le sac » pour conclure à une fraude constante de sa part.

Nous n'allongerons pas inutilement cette étude par la

---

(1) Il est regrettable que Home n'ait pas insisté sur le rôle de la volonté en ces phénomènes.

relation de nouveaux cas de lévitation ; les observations que nous avons rapportées suffisent, à notre avis, pour fixer les idées au sujet de ce phénomène.

Disons seulement, pour terminer, que «dans une étude »remarquable sur les *Maladies et facultés diverses des* »*mystiques*, publiée, en 1875, par l'Académie royale de »Belgique, M. Charbonnier-Debatty explique la lévitation, »en supposant qu'il se produit une répulsion électrique »entre le sol et le corps du sujet, dont la densité a été »diminuée par le ballonnement hystérique.

»Je ferai observer, dit avec raison M. de Rochas, que ce »ballonnement ne peut produire qu'une augmentation »de volume très faible, et, par suite, une variation de »poids absolument négligeable, étant donnée surtout la »nature des gaz internes».

On peut présumer cependant que les phénomènes de lévitation sont bien dus à une répulsion dont la Force psychique serait l'un des agents. Mais ici, comme malheureusement presque partout en Psychologie occulte, on en est réduit aux plus vagues conjectures.

2° Phénomènes divers

Jusqu'à présent, les différents phénomènes que nous avons étudiés, bien que violentant nos concepts du «Possible», ne les renversaient pas pourtant absolument. A la rigueur, l'étrangeté des faits n'excluait pas complètement l'idée de causes naturelles encore que mystérieuses, et, dans la télépathie, dans la lévitation et les autres «prodiges» des médiums, on entrevoyait l'action d'un agent, d'une créature humaine douée de facultés spéciales...

Or, avec les faits que nous abordons maintenant, il semble que nous pénétrions dans l'Au-delà des activités humaines, et l'on comprend que la raison, désorbitée, ait créé, pour les expliquer, un monde spécial, une sorte de *double*, invisible du monde réel, peuplé d'êtres mysrieux, d'essence plus subtile que celle de l'homme, bienfaisants ou terribles...

Ces faits de prodige et de mystère existent-ils autre part que dans l'imagination humaine? La constatation de leur réalité objective a-t-elle été faite scientifiquement?

Dire que nous allons retrouver, dans les pages suivantes, la plupart des noms dont l'autorité incontestée nous a déjà servi de garanties, est une réponse suffisante.

Mais le trop fameux «il y a des degrés en tout» est ici plus vrai peut-être que partout ailleurs, et si le vieux bon sens routinier ne rechigne pas encore trop à concevoir, par exemple, la transmission de pensée, il se rebiffe absolument lorsqu'on vient lui parler d'objets traversant les murailles, ou mieux de la création instantanée, *ex nihilo*, de créatures en chair et en os (1).

Et pourtant, l'Anormal une fois admis, pourquoi s'ar-

---

(1) Combien de fois, cependant, cela lui a mal réussi à ce «bon sens» si prôné. «Hélas! il n'est guère qu'une routine de l'intelligence. Le bon sens d'il y a deux mille ans était de croire que le soleil tourne autour de la terre et se couche tous les soirs dans l'Océan. Le bon sens d'il y a deux cents ans était que l'on ne peut, dans la même journée, donner de ses nouvelles à Pékin et en avoir une réponse, et cependant le bon sens d'aujourd'hui indique que l'on peut y envoyer un télégramme, réponse payée.» (Richet.— Préface de la *Suggestion mentale* d'Ochorowicz.)

rêter à ses premières formes? «Les possibilités de l'Univers» ne sont-elles pas infinies?

Pour nous, si la conviction en notre esprit est, dès maintenant, à peu près établie à l'égard des phénomènes qui précèdent, nous devons déclarer qu'en ce qui concerne les autres, les faits «absurdes» qui vont suivre, nous sommes forcé d'être moins affirmatif. Nous croyons ces faits *possibles* et même *probables*, car les documents sur lesquels nous nous appuyons ayant les mêmes sources, et par conséquent la même autorité que ceux qui nous ont déjà servi, la négation absolue, dans ce second cas, serait de notre part illogique. Mais ces phénomènes sont d'une nature telle, si graves les conséquences qui en peuvent résulter, et surtout si incomplète encore l'expérimentation à laquelle ils ont été soumis, qu'une réserve dans les conclusions s'impose. La seule affirmation que l'on puisse ici hardiment émettre, c'est que cet *Absurde* mérite que l'on s'en occupe, c'est qu'enfin, ne serait-ce que pour en montrer l'inanité, la science doit le soumettre à de rationnelles et rigoureuses investigations. Il semble, du reste, comme nous allons le voir, qu'elle ait fini par le comprendre.

Nous croyons donc, répétons-le, à la probabilité des faits suivants, pour si invraisemblables, pour si fantastiques qu'ils soient. Mais, cette opinion, comment pouvons-nous espérer la faire partager? Cette «foi provisoire», dont parle M. de Rochas, cette foi «équivalente à celle qu'on accorde aux historiens, aux voyageurs, aux naturalistes», comment espérer la faire naître en un sujet où l'esprit le moins hostile se heurte, à chaque pas, au plus rebutant des *Inadmissibles?*

Nous n'aurons quelque espoir d'y parvenir, ce nous semble, qu'en persistant plus que jamais dans notre système d'exactitude positive, dans notre mode d'argumentation par le fait.

Nous continuerons donc, simplement, à *raconter*, à présenter les procès-verbaux des expériences, en les appuyant de toutes les garanties qu'il nous sera possible de trouver.

Aux lecteurs d'une cérébralité amplexive et sérieuse, et d'un sens critique impartial, à ceux-là de se faire une opinion.

Quant à la négation ironique et de parti-pris, elle n'existe pas pour nous.

1° PHÉNOMÈNES SE PRODUISANT SANS L'INTERVENTION RECONNUE D'UN MÉDIUM

Dans les effets physiques de la Force psychique dont nous avons parlé jusqu'à présent, nous avons toujours constaté la présence d'un agent, d'un *médium*.

Or, il est certains autres de ces phénomènes qui semblent se produire spontanément, sans que l'on puisse, à l'égard du médium possible, faire autre chose que des conjectures. On suppose, par exemple, que telle ou telle personne est la cause inconsciente des faits produits, et c'est tout : à moins que, à l'exemple des occultistes et des spirites, on ne les attribue à l'intervention des êtres du monde invisible.

Nous n'insistons pas.

Et, pour demeurer autant que possible dans le domaine de l'expérimentation rigoureusement scientifique, nous négligerons toutes les histoires plus ou moins fantaisistes de maisons hantées, d'objets ensorcelés, etc., pour nous en tenir aux observations suivantes que nous trouvons dans les *Annales des Sciences Psychiques*.

Les faits qu'elles signalent ont été constatés, on verra avec quel luxe de précautions, par M. Dariex lui-même, dans son propre appartement.

Voici ses paroles textuelles (1) :

Pendant la seconde moitié de l'année 1888, je m'occupais très activement de l'étude des phénomènes psychiques et je ne manquais pas une occasion de les expérimenter. Néanmoins, durant les premiers mois, je n'observai rien d'anormal chez moi : aussi, je fus assez surpris de voir ma servante me soutenir, un matin, avec l'insistance dont paraissent seules capables les personnes absolument convaincues de ce qu'elles avancent, que pendant la nuit — c'était la nuit du 30 novembre 1888 — elle avait entendu dans mon cabinet de travail, voisin de la pièce où elle couche, entre trois heures et demie et quatre heures du matin, des bruits de pas, étouffés comme par un tapis, et de petits coups, paraissant frappés sur les meubles ; ces coups, tantôt au nombre de deux, tantôt au nombre de trois, alternaient avec le bruit de pas. Durant cette demi-heure, l'alternance de ces bruits se produisit plusieurs fois.

Je supposai qu'elle rapportait à mon cabinet de travail des bruits provenant d'autre part, ou bien qu'elle était le jouet d'hallucinations, et encore, actuellement, je ne suis pas convaincu du contraire ; mais, en présence de son insistance et de l'énergie de ses affirmations au sujet de ces bruits qui, en raison de leur répétition à cette heure insolite, n'avaient pas tardé à l'effrayer ; eu égard, d'autre part, à ce que des phénomènes de cet ordre avaient été signalés, à plusieurs reprises, par différents observateurs, je me livrai à une enquête.

M. Dariex se rend compte, d'abord, que ces bruits ne pouvaient pas provenir d'appartements voisins du sien, soit à l'étage supérieur, soit à l'étage inférieur. En outre, les portes et les fenêtres étant soigneusement fermées

---

(1) Voir *Annales des Sciences Psychiques*, n° 4, 2ᵉ année.

chaque soir, et ne portant aucune trace d'effraction, il était impossible que quelqu'un eût pénétré dans l'appartement.

Ne pouvant rien observer moi-même, et ne pouvant pas accepter comme véridiques ces étranges bruits (dont parlait la bonne), j'eus le désir qu'il se produisît un phénomène plus tangible, un phénomène dont il resterait des traces, et qu'il me serait aisé de constater. Je désirai que des chaises fussent renversées, et, pour rendre la chose plus facile, j'en appuyai une contre le secrétaire, dans une position inclinée, de manière que le moindre effort pût la faire tomber sur le dossier. Malgré cette position instable et les trépidations parfois assez fortes occasionnées par le pont Saint-Louis, aucune chaise ne se renversa, pendant une dizaine de jours.

Rien ne se produisit pendant plusieurs jours, pas même le vendredi, « jour habituel des manifestations. » Mais le matin du 13 janvier 1889, M. Dariex trouvait « renversée sur le parquet, non la chaise au très faible équilibre », mais celle sur laquelle il était assis la veille au soir, alors qu'il dessinait à sa table. Et, dans la nuit, la bonne affirmait avoir entendu, dans le cabinet, un bruit violent, « comme la chute d'un corps pesant. »

Pourtant notre auteur ne fut pas convaincu, quoique assez surpris. A partir de ce moment-là, il ferma, pendant la nuit, son cabinet et garda les clefs sur lui.

Quatre jours plus tard, dans la nuit du mercredi 16 janvier, la chaise que j'avais continué à mettre en équilibre instable se renversait à son tour, malgré que le cabinet fût fermé à clef et que les clefs ne m'eussent pas quitté; cette fois, la servante n'avait rien entendu.

Le lundi 21 janvier, en rentrant chez lui, un peu avant minuit, M. Dariex trouve encore une chaise renversée contre la porte, qu'elle empêche d'ouvrir.

Mais le sens critique de M. Dariex n'est pas encore satisfait, et avec raison, car, en un pareil sujet, on ne saurait être trop difficile en fait de témoignages et de preuves.

Il n'était pas matériellement impossible, dit-il, de se procurer une fausse clef, et, pensant que la bonne foi d'une personne, malgré que l'on n'ait aucune raison de la suspecter, ne constitue pas une preuve scientifique suffisante, je songeai à prendre des précautions plus rigoureuses. Le mercredi 23 janvier, à huit heures du soir, avant de sortir, non seulement je fermai le cabinet à clef, mais je mis toutes ses ouvertures, portes et fenêtres, *sous scellés*.... Ils étaient au nombre de huit ou neuf, rien que pour la porte donnant dans la salle à manger, dont le trou de la serrure était obstrué par une bande de papier ; cette même bande était, en outre, scellée au mur et rendait impossibles l'ouverture de cette porte... et l'introduction dans la serrure d'un instrument quelconque, sans traces d'effraction.

Or, en rentrant à minuit dix minutes, M. Dariex trouve, après un examen minutieux, *tous les scellés parfaitement intacts*, aussi bien ceux des fenêtres que ceux de la porte... et dans le cabinet *une chaise était tombée, renversée sur son dossier*. La servante n'avait rien entendu ; mais, plus tard, dans la même nuit, un peu après 3 heures du matin, elle entendit trois coups très secs, frappés avec une extrême violence dans le panneau de la porte donnant dans le salon.

Enfin, le jeudi 24 janvier, à minuit quarante-cinq minutes, malgré que mon cabinet eût été fermé et mis sous scellés comme la veille, et que, comme la veille, j'eusse trouvé les scellés parfaitement intacts, il y avait, dans la pièce, non plus une, mais deux chaises renversées.

Dès lors, M. Dariex, pour donner plus de valeur encore à son témoignage, n'hésita plus à convier, au contrôle du fait qu'à cinq reprises il avait constaté, ceux de ses amis « à qui, dit-il, je crus pouvoir en parler, sans »m'exposer à passer pour un halluciné, un pauvre fou »qu'il faudrait bientôt enfermer. » Il les pria de prendre des précautions plus rigoureuses encore, s'ils pouvaient en imaginer, et voici le rapport, qu'après avoir expérimenté jusqu'au 5 février, ces Messieurs rédigèrent :

Procès-verbal des expériences collectives instituées pour le contrôle des mouvements d'objets sans contact (1).

Les soussignés :

D'r BARBILLION, de la Faculté de Paris, ancien interne en médecine des hôpitaux, demeurant, 16, quai d'Orléans, à Paris ;

BESSOMBES (Paul), employé des ponts et chaussées, demeurant à Paris, 7, rue Boutarel ;

D'r MÉNEAULT (Joanne), de la Faculté de Paris, ancien interne de l'hôpital maritime de Berck-sur-Mer, demeurant à Paris, rue Monge, 51 ;

MORIN (Louis), pharmacien de 1re classe, demeurant rue du Pont-Louis-Philippe, 9 ;

Certifient l'exactitude des faits suivants :

«Le D'r Dariex, demeurant à Paris, rue Du Bellay, n° 6, ayant à plusieurs reprises, et notamment le 25 janvier 1889, cru constater que des phénomènes étranges se produisaient, la nuit, dans son cabinet de travail, pria les personnes ci-dessus désignées de contrôler les observations qu'il avait déjà faites sur l'existence de ces phénomènes.

» Il s'agissait, au dire du D'r Dariex, de chaises qui avaient été trouvé renversées dans son cabinet, et cela, à plusieurs reprises, alors que, d'après les précautions prises en vue d'éviter toute supercherie, il paraissait impossible qu'aucun être vivant ait pu s'introduire dans le cabinet, dont les portes et les fenêtres avaient été méthodiquement closes et mises sous scellés.

» Pendant dix jours, du 27 janvier au 4 février, les soussignés se sont régulièrement réunis chez le D'r Dariex, le soir à 8 heures, le matin à 8 heures et demie ; tantôt ils étaient tous présents, tantôt il

---

(1) *Annales*, même numéro.

manquait une ou plusieurs personnes. Le Dr Barbillion et le Dr Dariex n'ont pas manqué à un seul rendez-vous et ont pu assister à toute la série des expériences.

» Le cabinet de travail du Dr Dariex occupe, au premier étage de la maison portant le n° 6 de la rue Du Bellay, la partie de l'appartement qui forme le coin de cette rue et de la rue Saint-Louis-en-l'Ile. Il prend jour par deux fenêtres donnant sur cette rue et communique avec les autres pièces de l'appartement par deux portes, l'une donnant sur le salon et s'ouvrant vers le salon ; l'autre donnant sur la salle à manger et s'ouvrant vers le cabinet.

» Les meubles qui le garnissent sont : une bibliothèque, un secrétaire, une table, un divan, un fauteuil, quatre chaises ; il n'existe aucun placard. Après avoir scrupuleusement examiné les fenêtres et les portes, ainsi que les différents meubles, les murs et le parquet, les soussignés, ayant acquis la conviction que rien ne pouvait amener la chute ou le déplacement d'aucun meuble ou d'aucun objet, à l'aide de mécanisme, de fils, etc, ou de tout autre moyen ; qu'il était également impossible à quelqu'un de se cacher dans le cabinet ou de s'y introduire après la fermeture et la mise sous scellés des fenêtres et des portes; dans ces conditions, chaque soir, à huit heures, les précautions suivantes furent minutieusement prises : les volets en fer sont fermés, les fenêtres sont closes et des scellés sont apposés sur les montants, près de l'espagnolette. La porte de communication avec le salon est fermée à clef du côté du cabinet, la clef restant emprisonnée dans la serrure, par une bande d'étoffe scellée à ses deux extrémités.

» Des scellés sont posés sur cette porte et une bande d'étoffe est fixée par des cachets de cire, d'une part sur la porte elle-même, et, d'autre part, sur le mur voisin. Pendant tout le cours de nos expériences, cette porte du salon est demeurée condamnée.

» Restait, comme unique ouverture, la porte faisant communiquer le cabinet avec la salle à manger. Les chaises du cabinet étaient alors disposées suivant un ordre convenu, mais non toujours exactement à la même place. On sortait du cabinet, le Dr Dariex le premier, et chacun, de *la salle à manger*, jetait un dernier regard dans le cabinet, afin de s'assurer, une dernière fois, que les *chaises étaient debout* et bien en place.

» Alors le Dr Barbillion fermait à clef la porte du cabinet et gardait sur lui cette clef; les scellés étaient posés et la bande d'étoffe était appliquée sur le trou de la serrure. Sept ou huit cachets étaient posés, à l'aide d'un cachet appartenant à M. Morin, lequel le gardait et l'emportait chez lui. *La forme et la disposition des scellés étaient notées avec soin.*

» Ces précautions ayant été régulièrement et rigoureusement prises, chaque jour, à huit heures du soir, nous nous réunissions le lendemain matin, à huit heures et demie, pour la levée des scellés, laquelle était toujours précédée d'un examen minutieux de la clef et de la serrure. Pendant les dix jours qu'a duré l'observation, voici ce qui a été constaté :

1re Nuit, du samedi 26 janvier au dimanche 27. — Néant.

2e Nuit, du 27 au lundi 28 janvier. — Néant.

3e Nuit, du 28 janvier au mardi 29 janvier. — Deux chaises sont renversées ; l'une, placée près de la bibliothèque, est tombée sur son côté gauche ; l'autre, placée près du fauteuil, est renversée sur le dossier, dans la direction de la fenêtre et de la table.

4e Nuit, du mardi 29 janvier au mercredi 30. — Néant.

5e Nuit, du 30 janvier au jeudi 31 janvier. — Néant.

6e Nuit, du 31 janvier au vendredi 1er février. — Néant.

7e Nuit, du 1er février au samedi 2 février. — Néant.

8e Nuit, du 2 février au dimanche 3 février. — Néant.

9e Nuit, du dimanche 3 février au lundi 4 février. — Néant.

10e Nuit, du lundi 4 février au mardi 5 février. — Deux chaises sont renversées : l'une, placée vers la table, a été renversée sur le côté gauche, vers le divan ; l'autre, placée près du fauteuil, est tombée sur le dossier, dans la direction de la fenêtre.

» En présence de ces faits, des précautions prises par nous, pour éviter toute supercherie, du soin que nous avons apporté à la pose des scellés et à l'examen des mêmes scellés, nous sommes convaincus :

»1° *Que personne n'a pu demeurer dans le cabinet, après que nous étions sortis ;*

»2° *Que personne n'a pu s'y introduire pendant la nuit, avant notre arrivée, le lendemain matin.*

» Et nous sommes amenés à conclure que, pendant la nuit, à deux reprises, dans l'espace de dix jours, au milieu d'une chambre parfaitement close et sans qu'aucun être vivant ait pu s'y introduire, des chaises ont été renversées, contrairement à notre attente et à nos prévisions ; que cette manifestation d'une force, en apparence mystérieuse, se produisant en dehors des conditions habituelles, ne nous paraît pas reconnaître une explication ordinaire, et que, sans vouloir préjuger en rien de la nature intime de cette force et tirer des conclusions positives, nous inclinons à penser qu'il s'agit de phénomènes d'ordre psychique, analogues à ceux qui ont été décrits et contrôlés par un certain nombre d'observateurs.

»Dr BARRILLION ; P. BESOMBES ; Dr MÉNEAULT ;
L. MORIN ; Dr DARIEX. »

Toutes ces signatures sont légalisées par la mairie du IV⁰ arrondissement et par celle de Pont-de-Vaux, dans l'Ain, où est allé, peu après, se fixer le docteur Ménaault.

A partir du 5 février, ajoute le docteur Dariex, mes amis ayant déclaré que leur contrôle était suffisant et qu'il était inutile de le prolonger, je me fis dresser, tous les soirs, un lit dans ce cabinet de travail, et j'y couchai jusqu'au 26 février, date à laquelle je fus appelé en province par un deuil de famille. Je n'entendis rien et aucune chaise ne fut plus renversée.

Ces phénomènes ont-ils été absolument indépendants de la présence ou du voisinage de quelque personne, de quelque « médium », pour employer le terme consacré ? Je n'en sais rien, mais je présume que si la présence de quelqu'un a été nécessaire, si médium il y a eu, ce doit être ma servante, dont la santé et le système nerveux étaient alors très délicats. Elle n'a jamais eu d'accès de somnambulisme spontané ; mais, il y a un an, j'ai été amené, par la force des choses, à me convaincre qu'elle était hypnotisable, etc., etc...

Malgré le vif intérêt que présentent ces questions, il nous est impossible d'insister plus longuement ; on trouvera, du reste, dans les *Annales*, tous les détails complémentaires des expériences du docteur Dariex.

On y pourra lire aussi le récit de phénomènes du même ordre, mais incomparablement plus intenses, qui se seraient produits, en 1875, au château du T..., en Normandie. Les documents qui les relatent semblent posséder toutes les garanties désirables ; par malheur, les observations n'ont pas été faites dans un esprit aussi rigoureusement scientifique que les précédentes, et cela est d'autant plus regrettable que les faits sont vraiment extraordinaires et passablement troublants. Ce sont des coups formidables qui, la nuit, ébranlent les murailles ; des bruits de pas, et même des cris déchirants qui, pendant tout un mois, troublent le sommeil des hôtes du château, sans que les recherches les plus minutieuses fassent rien découvrir. Le propriétaire du château, M. de

X..., écrit, chaque jour, le récit des phénomènes dont lui et les siens sont témoins. Ce journal a été publié par les *Annales*... (1). La bonne foi de l'auteur paraît absolue ; mais, nous le répétons, l'esprit d'observation scientifique lui fait un peu défaut.

2° MATÉRIALISATIONS

On nomme ainsi, en langage spirite, les apparitions, non plus *fluidiques*, mais *matérielles*, qui se manifestaient par l'intermédiaire de certains médiums nommés, pour cette raison, médiums à *matérialisations*.

Autrement dit, il s'agirait de la création extemporanée de créatures *en chair et en os*, de créatures qui *parlent*, dont on compte les pulsations du pouls et que l'on ausculte, d'êtres enfin qui semblent posséder tous les attributs de la vie...

Et ici, nous avouons franchement que, n'était le désir de présenter un travail complet, nous préférerions remettre à plus tard cette partie de notre sujet, non certes par une sotte pusillanimité intellectuelle, mais parce que nous estimons que, dans l'évolution des idées relatives à l'Occulte et dans l'intérêt même de ces idées, le moment n'est pas encore venu d'aborder publiquement les plus transcendantes d'entre elles.

Nous le répétons : pour si extra-normaux, pour si absurdes que paraissent les phénomènes dont nous allons

---

(1) Voir *Annales des Sc. Psych.*, n° 6, 2ᵉ année : *Phénomènes étranges du château du T.....*

nous occuper, nous les croyons *possibles* et même *probables*, car, à notre sens, imaginer que les hommes éminents qui les affirment ont *tous* été dupes de fraudes grossières ou d'hallucinations, cela heurte la raison, plus encore que les prodiges dont ils se portent garants.

Nous croyons donc ces Phénomènes probables.

MAIS NOUS N'AFFIRMONS RIEN.

Comme bien l'on pense, ce n'est pas dans les livres spirites que nous irons chercher des observations de *matérialisations*; non pas que nous refusions systématiquement toute valeur aux ouvrages de ce genre et aux faits qu'ils contiennent, mais leur esprit et leurs tendances diffèrent absolument des nôtres.

Aussi, nous adresserons-nous de nouveau aux expérimentateurs que nous connaissons et parmi lesquels Croockes est encore celui qui a obtenu les résultats les plus complets, les plus surprenants, et, pour tout dire, les plus invraisemblables.

C'est en expérimentant avec Home qu'il put constater, pour la première fois, des matérialisations ; mais elles étaient partielles : c'étaient des mains, en tout semblables à de véritables mains vivantes, qui apparaissaient et disparaissaient subitement, tantôt lumineuses dans l'obscurité, tantôt visibles à la lumière ordinaire.

Voici quelques-unes de ces apparitions :

Une petite main, d'une forme très belle, s'éleva d'une table de salle à manger et me donna une fleur ; elle apparut, puis disparut à trois reprises différentes, en me donnant toute facilité de me convaincre que cette *apparition était aussi réelle que ma propre main.* Cela se passa à la lumière, dans ma propre chambre, les pieds et les mains du médium étant tenus par moi pendant ce temps.

Nombre de fois, moi-même] et d'*autres personnes* avons vu une main pressant les touches d'un accordéon, pendant qu'au même moment, nous voyions les deux mains du médium qui, quelquefois, étaient tenues par ceux qui étaient près de lui.

Les mains et les doigts ne m'ont pas toujours paru être solides et comme vivants. Quelquefois, il faut le dire, ils offraient plutôt l'apparence d'un nuage, condensé en partie sous forme de main... J'ai vu, plus d'une fois, d'abord un objet (fleur, livre, etc.) se mouvoir, puis un nuage lumineux qui semblait se former autour de lui, et enfin le nuage se condenser, prendre une forme et se changer en une main parfaitement faite... Quelquefois, la chair semble être aussi humaine que celle de toutes les personnes présentes. Au poignet ou au bras, elle devient vaporeuse et se perd dans un nuage lumineux : au toucher, ces mains paraissent quelquefois froides comme de la glace et mortes ; d'autres fois, elles m'ont semblé chaudes et vivantes, et ont serré la mienne avec la ferme étreinte d'un vieil ami. J'ai retenu une de ces mains dans la mienne, bien résolu à ne pas la laisser échapper. Aucune tentative ni aucun effort ne furent faits pour me faire lâcher prise, mais peu à peu cette main sembla se résoudre en vapeur, et ce fut ainsi qu'elle se dégagea de mon étreinte (1).

Mais ces merveilles devaient être encore dépassées par les résultats que M. Croockes obtint, en 1874, avec un nouveau médium. Celui-ci était une jeune fille anglaise de 15 ans et d'une santé chétive, Mlle Florence Coock. Les expériences avaient lieu le plus souvent dans le laboratoire même de M. Croockes, et c'est là que furent faites les fameuses photographies des apparitions.

L'être qui se manifestait, par l'intermédiaire du médium, était une jeune femme qui avait bien voulu révéler son nom : *Katie King*, et qui prétendait avoir, pendant une existence antérieure, vécu dans l'Inde. On savait, d'après ses propres paroles, qu'elle «n'avait le pouvoir de rester auprès de son médium que pendant trois ans et

---

(1) Croockes : *Force psychique*, p. 161, 162, 163. — Ne nous récrions pas trop : Oserait-on affirmer, demandons-nous encore, que toutes les modalités de la matière nous sont connues ?

qu'après ce temps, elle lui ferait ses adieux pour toujours (1)».

A chaque instant, en racontant de pareilles histoires, et bien que l'on soit convaincu, plus que quiconque, de «l'infini des Possibilités de l'Univers», on est obligé de se rappeler que celui qui les atteste est l'homme qui a découvert le *thallium* et la *matière radiante ;* devant un tel passé scientifique, la raison, même récalcitrante, est obligée de s'incliner, et l'on continue......

Voici, sous forme de lettre, le récit que fait M. Croockes de ses expériences avec Mlle Coock et Katie King :

Dans une lettre que j'ai écrite à ce journal, au commencement de février dernier, je parlais des phénomènes de formes d'esprits qui s'étaient manifestées par la médiumnité de Mlle Coock, et je disais : « Que ceux qui inclinent à juger durement Mlle Coock suspendent leur jugement jusqu'à ce que j'apporte une preuve certaine qui, je le crois, sera suffisante pour résoudre la question. »

En ce moment, Mlle Coock se consacre exclusivement à une série de séances privées auxquelles n'assistent qu'un ou deux de mes amis et moi. J'en ai vu assez pour me convaincre pleinement de la sincérité et de l'honnêteté parfaites de Mlle Coock, et pour me donner tout lieu de croire que les promesses que Katie King m'a faites si librement seront tenues.

Dans cette lettre, je décrivais un incident qui, selon moi, était très propre à me convaincre que Katie et Mlle Coock étaient deux êtres *matériels* distincts. Lorsque Katie était hors du cabinet, debout devant moi, j'entendis un son plaintif venant de Mlle Cook qui était dans le cabinet. Je suis heureux de dire que j'ai enfin obtenu « *la preuve absolue* » dont je parlais dans la lettre ci-dessus mentionnée.

Pour le moment, je ne parlerai pas de la plupart des preuves que Katie m'a données, dans les nombreuses occasions où Mlle Coock m'a favorisé de séances chez moi, et je n'en décrirai qu'une ou deux qui ont eu lieu tout récemment. Depuis quelque temps, j'expérimentais

---

(1) Croockes : *Force psychique.* Appendice. Extrait du *Spiritualiste*, 29 mai 1874.

avec une lampe à phosphore, consistant en une bouteille de 6 à 8 onces, qui contenait un peu d'huile phosphorée et qui était solidement bouchée. J'avais des raisons pour espérer qu'à la lumière de cette lampe, quelques-uns des phénomènes du cabinet pourraient se rendre visibles, et Katie espérait, elle aussi, obtenir le même résultat.

Le 12 mars, pendant une séance chez moi, et après que Katie eut marché au milieu de nous, qu'elle nous eut parlé pendant quelque temps, elle se retira derrière le rideau qui séparait mon laboratoire, où l'assistance était assise, de ma bibliothèque qui, temporairement, faisait l'office de cabinet.

Au bout d'un moment, elle revint au rideau et m'appela à elle en disant : « Entrez dans la chambre et soulevez la tête de mon médium; elle a glissé à terre. » Katie était alors debout devant moi, revêtue de sa robe blanche habituelle et coiffée de son turban. Immédiatement, je me dirigeai vers la bibliothèque pour relever Mlle Coock, et Katie fit quelques pas de ce côté pour me laisser passer. En effet, Mlle Coock avait glissé en partie de dessus le canapé et sa tête penchait dans une position très pénible. Je la remis sur le canapé, et en faisant cela, j'eus, malgré l'obscurité, la satisfaction de constater que Mlle Coock n'était pas revêtue du costume de Katie, mais qu'elle portait son vêtement ordinaire de velours noir et se trouvait dans une profonde léthargie. Il ne s'était pas écoulé plus de trois secondes entre le moment où je vis Katie en robe blanche, devant moi, et celui où je relevai Mlle Coock sur le canapé, en la tirant de la position où elle se trouvait.

En retournant à mon poste d'observation, Katie apparut de nouveau et dit qu'elle pensait qu'elle pourrait se montrer à moi en même temps que son médium. Le gaz fut baissé et elle me demanda ma lampe à phosphore. Après s'être montrée à sa lueur pendant quelques secondes, elle me la remit dans les mains en disant : « Maintenant, entrez, et venez voir mon médium. » Je la suivis de près dans ma bibliothèque et, à la lueur de ma lampe, je vis Mlle Coock reposant sur le sofa, exactement comme je l'y avais laissée. Je regardai autour de moi pour voir Katie, mais elle avait disparu. Je l'appelai, mais je ne reçus pas de réponse.

Je repris ma place, et Katie réapparut bientôt et me dit que, tout le temps, elle avait été debout auprès de Mlle Coock. Elle demanda alors si elle ne pourrait pas elle-même essayer une expérience, et, prenant de mes mains la lampe à phosphore, elle passa derrière le rideau, me priant de ne pas regarder dans le cabinet pour le moment. Au bout de quelques minutes, elle me rendit la lampe en me disant qu'elle n'avait pas pu réussir, qu'elle avait épuisé tout le fluide du médium, mais qu'elle essaierait de nouveau une autre fois. Mon fils aîné, un garçon de quatorze ans, qui était assis en face de moi, dans une position telle qu'il pouvait voir derrière le rideau, me dit qu'il avait distinctement vu la lampe à phosphore paraissant flotter dans l'espace au-dessus de Mlle Coock et l'éclairant, pendant qu'elle était étendue sans mouvement sur le sofa, mais qu'il n'avait pu voir personne tenir la lampe.

Je passe maintenant à la séance tenue hier soir à Hackner. Jamais Katie n'est apparue avec une aussi grande perfection; pendant près de deux heures, elle s'est promenée dans la chambre, en causant familièrement avec ceux qui étaient présents. Plusieurs fois, elle me prit le bras en marchant, et l'impression ressentie par mon esprit que c'était une femme vivante qui se trouvait à mon côté et non pas un visiteur de l'autre monde, cette impression, dis-je, fut si forte, que la tentation de répéter une intéressante et curieuse expérience devint presque irrésistible.

Pensant donc que si je n'avais pas un esprit près de moi, il y avait tout au moins une dame, je lui demandai la permission de la prendre dans mes bras, afin de me permettre de vérifier les intéressantes observations qu'un expérimentateur hardi avait récemment fait connaître d'une manière tant soit peu prolixe. Cette permission me fut gracieusement donnée, et, en conséquence, j'en usai — convenablement, comme tout homme bien élevé l'eût fait dans ces circonstances. M. Volckman sera charmé de savoir que je puis corroborer son assertion que le « fantôme » (qui du reste ne fit aucune résistance) était un être aussi matériel que Mlle Coock elle-même. Mais la suite montrera combien un expérimentateur a tort, quelque soignées que ses observations puissent être, de se hasarder à formuler une importante conclusion quand les preuves ne sont pas en quantité suffisante.

Katie dit alors que, cette fois, elle se croyait capable de se montrer en même temps que Mlle Coock. Je baissai le gaz, et ensuite, avec ma lampe à phosphore, je pénétrai dans la chambre qui servait de cabinet. Mais, préalablement, j'avais prié un de mes amis, qui est habile sténographe, de noter toute observation que je pourrais faire pendant que je serais dans ce cabinet, car je connais l'importance qui s'attache aux premières impressions, et je ne voulais pas me confier à ma mémoire plus qu'il n'était nécessaire. Ces notes sont en ce moment devant moi.

J'entrai dans la chambre avec précaution; il y faisait noir, et ce fut à tâtons que je cherchai Mlle Coock. Je la trouvai accroupie sur le plancher.

M'agenouillant, je laissai l'air entrer dans ma lampe, et, à sa lueur, je vis cette jeune dame vêtue de velours noir, comme elle l'était au début de la séance et ayant toute l'apparence d'être complètement insensible. Elle ne bougea pas lorsque je pris sa main et tins la lampe tout à fait près de son visage ; mais elle continua à respirer paisiblement.

Elevant la lampe, je regardai autour de moi, et je vis Katie qui se tenait debout tout près de Mlle Coock et derrière elle. Elle était vêtue d'une draperie blanche et flottante, comme nous l'avions déjà vue pendant la séance. Tenant une des mains de Mlle Coock dans la mienne, et m'agenouillant encore, j'élevai et j'abaissai la lampe, tant pour éclairer la figure entière de Katie que pour pleinement me convaincre que je voyais bien réellement la vraie Katie, que j'avais pressée dans mes bras quelques minutes auparavant, et non pas le fantôme d'un cerveau malade. Elle ne parla pas, mais elle remua la tête en signe de reconnaissance. Par trois fois différentes, j'examinai soigneusement Mlle Coock accroupie devant moi, pour m'assurer que la main que je tenais était bien celle d'une femme vivante et, à trois reprises différentes, je tournai ma lampe vers Katie pour l'examiner avec une attention soutenue, jusqu'à ce que je n'eusse plus le moindre doute qu'elle était bien là, devant moi. A la fin, Mlle Coock fit un léger mouvement, et aussitôt Katie me fit signe de m'en aller. Je me retirai dans une autre partie du cabinet et cessai alors de voir Katie ; mais je ne quittai pas la chambre jusqu'à ce que Mlle Coock se fût éveillée et que deux des assistants eussent pénétré avec de la lumière.

Avant de terminer cet article, je désire faire connaître quelques-unes des différences que j'ai observées entre Mlle Coock et Katie. La taille de Katie est variable : chez moi, je l'ai vue plus grande de six pouces que Mlle Coock. Hier soir, Katie avait le cou découvert, la peau était parfaitement douce au toucher et à la vue, tandis que Mlle Coock a au cou une cicatrice qui, dans des circonstances semblables, se voit distinctement et est rude au toucher. Les oreilles de Katie ne sont pas percées, tandis que Mlle Coock porte ordinairement des boucles d'oreilles. Le teint de Katie est très blanc, tandis que celui de Mlle Coock est très brun. Les doigts de Katie sont beaucoup plus longs que ceux de Mlle Coock, et son visage est aussi plus grand. Dans les façons et manières de s'exprimer, il y a aussi bien des différences marquées.

La santé de Mlle Coock n'est pas assez bonne pour lui permettre de donner, avant quelques semaines, d'autres séances expérimentales comme celles-ci et nous l'avons, en conséquence, fortement engagée à prendre un repos complet, avant de recommencer la campagne d'expériences dont, à cause d'elle, j'ai donné un aperçu, et dans un temps prochain, j'espère que je pourrai en faire connaître les résultats.

On a vu que, dans toutes ses expériences sur les Phénomènes spirites, M. Croockes, éprouvant pour les témoignages de ses sens, si exercés fussent-ils, la méfiance du vrai savant, leur substituait autant que possible d'inhallucinables instruments enregistreurs.

Donc, après avoir, dans la mesure de ses facultés sensorielles, constaté, vérifié, affirmé l'existence d'une créature en chair et en os, différant du médium, il voulut qu'un appareil de photographie, avec son impartialité mécanique, appuyât son témoignage, et c'est ainsi que furent faites ces fameuses photographies spirites, qui ont suscité de si passionnés débats, dans lesquels nous ne saurions intervenir

Aussi, tout en reconnaissant que ces photographies ont été prises dans de sérieuses conditions de contrôle (nombre et habileté des observateurs, rendant bien difficile la possibilité d'une hallucination de leur part ou l'introduction subreptice d'une seconde personne dans le laboratoire de M. Croockes, durée des expériences, etc.), sans discuter davantage, nous allons laisser M. Croockes raconter lui-même comment, avant qu'elle ne disparût pour jamais, il put prendre plusieurs images de la belle Katie King :

Ayant pris une part active aux dernières séances de Mlle Coock et ayant très bien réussi à prendre de nombreuses photographies de Katie King, à l'aide de la lumière électrique, j'ai pensé que la publication de quelques détails serait intéressante pour les spiritualistes.

Durant la semaine qui a précédé le départ de Katie, elle a donné des séances chez moi, presque tous les soirs, afin de me permettre de la photographier à la lumière artificielle. Cinq appareils complets de photographie furent donc préparés à cet effet. Ils consistaient en cinq chambres noires, une de la grandeur de plaque entière, une de demi-plaque, une de quart, et de deux chambres stéréoscopiques binoculaires, qui devaient toutes être dirigées sur Katie en même temps, chaque fois qu'elle poserait pour obtenir son portrait. Cinq bains sensibilisateurs et fixateurs furent employés et nombre de glaces furent nettoyées à l'avance, prêtes à servir, afin qu'il n'y eût ni hésitation, ni retard pendant les opérations photographiques, que j'exécutai moi-même, assisté d'un aide.

Ma bibliothèque servit de cabinet noir : elle avait une porte à deux battants qui s'ouvrait sur le laboratoire ; un de ces battants fut enlevé de ses gonds et un rideau fut suspendu à sa place, pour permettre à Katie d'entrer et de sortir facilement. Ceux de nos amis qui étaient présents étaient assis dans le laboratoire, en face du rideau, et les chambres noires étaient placées un peu derrière eux, prêtes à photographier Katie quand elle sortirait, et à prendre également l'intérieur du cabinet, chaque fois que le rideau serait soulevé dans ce but. Chaque soir, il y avait trois ou quatre expositions de glaces dans les cinq chambres noires, ce qui donnait au moins quinze épreuves par séance. Quelques-unes se gâtèrent au développement, d'autres en réglant la lumière. Malgré tout, j'ai quarante-quatre négatifs, quelques-uns médiocres, quelques-uns ni bons ni mauvais, et d'autres excellents.

Katie donna pour instruction à tous les assistants de rester assis et d'observer cette condition ; seul, je ne fus pas compris dans cette mesure, car, depuis quelque temps, elle m'avait donné la permission de faire ce que je voudrais, de la toucher, d'entrer dans le cabinet et d'en sortir, presque chaque fois qu'il me plaisait. Je l'ai souvent suivie dans le cabinet et l'ai vue quelquefois, elle et son médium, en même temps ; mais, le plus généralement, je ne trouvais que le médium en léthargie et reposant sur le parquet ; Katie et son costume blanc avaient instantanément disparu.

Durant ces dix derniers mois, Mlle Coock a fait chez moi de nombreuses visites et y est demeurée quelquefois une semaine entière. Elle n'apportait avec elle qu'un petit sac de nuit, ne fermant pas à clef ; pendant le jour, elle était constamment en compagnie de Mme Croockes, de moi-même ou de quelque autre membre de ma famille, et ne dormant pas seule ; il y a eu manque absolu d'occasions de rien préparer, même d'un caractère moins achevé, qui fût apte à jouer le rôle de Katie King. J'ai préparé et disposé moi-même ma bibliothèque ainsi que le cabinet noir, et d'habitude, après que Mlle Coock avait dîné et causé avec nous, elle se dirigeait droit au cabinet et, à sa demande, je fermais à clef la seconde porte, gardant la clef sur moi pendant toute la séance ; alors on abaissait le gaz et on laissait Mlle Coock dans l'obscurité.

En entrant dans le cabinet, Mlle Coock s'étendait sur le plancher, sa tête sur un coussin, et bientôt elle était en léthargie. Pendant les séances photographiques, Katie enveloppait la tête de son médium avec un châle, pour empêcher que la lumière ne tombât sur son visage. Fréquemment, j'ai soulevé un côté du rideau, lorsque Katie était debout tout auprès, et alors il n'était pas rare que les sept ou huit personnes qui étaient dans le laboratoire pussent voir en même temps Mlle Coock et Katie, sous le plein éclat de la lumière électrique. Nous ne pouvions pas, alors, voir le visage du médium à cause du châle, mais nous apercevions ses mains et ses pieds ; nous la voyions se remuer péniblement, sous l'influence de cette lumière intense, et, par moment, nous entendions ses plaintes. J'ai une épreuve de Katie et de son médium photographiés ensemble ; mais Katie est placée devant la tête de Mlle Coock.

Pendant que je prenais une part active à ces séances, la confiance qu'avait en moi Katie s'accroissait graduellement, au point qu'elle ne voulait plus donner de séance, à moins que je ne me chargeasse des dispositions à prendre, disant qu'elle voulait toujours m'avoir près d'elle et près du cabinet. Dès que cette confiance fut établie et quand elle eut la satisfaction d'être sûre que je tiendrais les promesses que je pouvais lui faire, les phénomènes augmentèrent beaucoup en puissance, et des preuves me furent données qu'il m'eût été impossible d'obtenir, si je m'étais approché du sujet d'une manière différente.

Elle m'interrogeait souvent au sujet des personnes présentes aux séances et sur la manière dont elles seraient placées, car, dans les derniers temps, elle était devenue très nerveuse, à la suite de certaines suggestions malavisées, qui conseillaient d'employer la force pour aider à des modes de recherches plus scientifiques. Une des photographies les plus intéressantes est celle où je suis debout à côté de Katie ; elle a son pied nu sur un point particulier du plancher.

J'habillai Mlle Coock comme Katie ; elle et moi nous nous plaçâmes exactement dans la même position, et nous fûmes photographiés par les mêmes objectifs, placés absolument comme dans l'autre expérience et éclairés par la même lumière. Lorsque les deux dessins sont placés l'un sur l'autre, les deux photographies de moi coïncident parfaitement quant à la taille, etc. ; mais Katie est plus grande d'une demi-tête que Mlle Coock, et, auprès d'elle, elle semble une grosse femme. Dans beaucoup d'épreuves, la largeur de son visage et la grosseur de son corps diffèrent essentiellement de son médium, et les photographies font voir plusieurs points de dissemblance.

J'ai si bien vu Katie récemment, lorsqu'elle était éclairée par la lumière électrique, qu'il m'est possible d'ajouter quelques traits aux différences que, dans un précédent article, j'ai établies entre elle et son médium. J'ai la certitude la plus absolue que Mlle Coock et

Katie sont deux individualités distinctes. du moins en ce qui concerne leur corps. Plusieurs petites marques qui se trouvent sur le visage de Mlle Coock font défaut sur celui de Katie. La chevelure de Mlle Coock est d'un brun si foncé qu'elle paraît presque noire; une boucle de celle de Katie, qui est là sous mes yeux, et qu'elle m'avait permis de couper au milieu de ses tresses luxuriantes, après l'avoir suivie de mes propres doigts jusque sur le haut de sa tête, et m'être assuré qu'elle y avait bien poussé, est d'un riche châtain doré.

Un soir, je comptai les pulsations de Katie : son pouls battait régulièrement 75, tandis que celui de Mlle Coock, peu d'instants après, atteignait 90, son chiffre habituel.

En appuyant mon oreille sur la poitrine de Katie, je pouvais entendre un cœur battre à l'intérieur, et ses pulsations étaient encore plus régulières que celles du cœur de Mlle Coock, lorsque, après la séance, elle me permettait la même expérience. Eprouvés de la même manière, les poumons de Katie se montrèrent plus sains que ceux de son médium, car, au moment où je fis mon expérience, Mlle Coock suivait un traitement médical pour un gros rhume.

Nos lecteurs trouveront sans doute intéressant qu'à vos récits et à ceux de M. Ross Church, au sujet de la dernière apparition de Katie, viennent s'ajouter les miens, du moins ceux que je peux publier. Lorsque le moment de nous séparer fut venu pour Katie, je lui demandai la faveur d'être le dernier à la voir. En conséquence, quand elle eut appelé à elle chaque personne de la société et qu'elle leur eut dit quelques mots en particulier, elle donna des instructions générales pour notre direction future et la protection à donner à Mlle Coock ; de ces instructions, qui furent sténographiées, je cite la suivante : « M. Croockes a très bien agi constamment, et c'est avec la plus grande confiance que je laisse Florence entre ses mains, parfaitement sûre que je suis qu'il ne trompera pas la foi que j'ai en lui. Dans toutes les circonstances imprévues, il pourra faire mieux que moi-même, car il a plus de force. »

Ayant terminé ses instructions, Katie m'engagea à entrer dans le cabinet avec elle, et me permit d'y demeurer jusqu'à la fin.

Après avoir fermé le rideau, elle causa avec moi pendant quelque temps, puis elle traversa la chambre pour aller à Mlle Coock, qui gisait, inanimée, sur le plancher. Se penchant sur elle, Katie la toucha et lui dit :

« Eveillez-vous, Florence, éveillez-vous! Il faut que je vous quitte maintenant. »

Mlle Coock s'éveilla et, toute en larmes, elle supplia Katie de rester quelque temps encore. « Ma chère, je ne le puis pas ; ma mission est accomplie. Que Dieu vous bénisse ! » répondit Katie, et elle continua à parler à Mlle Coock. Pendant quelques minutes, elles causèrent ensemble, jusqu'à ce qu'enfin les larmes de Mlle Coock l'empêchèrent de continuer. Suivant les instructions de Katie, je m'élançai pour soutenir Mlle Coock, qui allait tomber sur le plancher et qui sanglotait convulsivement. Je regardai autour de moi, mais Katie et sa robe blanche avaient disparu. Dès que Mlle Coock fut assez calmée, on apporta une lumière, et je la conduisis hors du cabinet.

Les séances presque journalières dont Mlle Coock m'a favorisé dernièrement ont beaucoup éprouvé ses forces, et je désire faire connaître, le plus possible, les obligations que je lui dois, pour son empressement à m'assister dans mes expériences. Quelque épreuve que j'ai proposée, elle a accepté de s'y soumettre avec la plus grande volonté ; sa parole est franche et va droit au but, et je n'ai jamais rien vu qui pût en rien ressembler à la plus légère apparence du désir de tromper. Vraiment, je ne crois pas qu'elle pût mener une fraude à bonne fin, si elle venait à l'essayer, et, si elle le tentait, elle serait très promptement découverte, car une telle manière de faire est tout à fait étrangère à sa nature. Et quant à imaginer qu'une innocente écolière de quinze ans ait été capable de concevoir et de mener, pendant trois ans, avec un plein succès, une aussi gigantesque imposture que celle-ci, et que, pendant ce temps, elle se soit soumise à toutes les conditions qu'on a exigées d'elle, qu'elle ait supporté les recherches les plus minutieuses, qu'elle ait voulu être inspectée à n'importe quel moment, soit avant, soit après les séances ; qu'elle ait obtenu encore plus de succès dans ma propre maison que chez ses parents, sachant qu'elle y venait expressément pour se soumettre à de rigoureux essais scientifiques ; — quant à imaginer, dis-je, que la Katie King des trois dernières années est le résultat d'une imposture, cela fait plus de violence à la raison et au bon sens que de croire qu'elle est ce qu'elle affirme elle-même.

Telles sont les fameuses expériences de M. Croockes. Si les résultats en furent accueillis par les Spirites avec des clameurs de triomphe, la Science officielle et le « Bon Sens » du moment ne leur épargnèrent pas — comme on peut le croire — des objections plus ou moins courtoises. Le savant anglais répondit aux plus sérieux de ses adversaires et négligea le reste. On peut lire ses réponses dans son livre.

Depuis cette époque, les idées relatives aux Phénomènes occultes ont subi une sensible évolution. Certes, la conviction à leur sujet est loin d'être faite (et il est même à désirer, dans l'intérêt de notre cause, que cette conviction ne s'établisse qu'avec une méthodique lenteur), mais les négations *a priori* se font, du moins, de plus en plus rares.

Quant aux expériences de Croockes, elles demeurent, disons le mot, tellement « énormes » et tellement est irritant le dilemme qu'elles posent, qu'il semble que l'on évite de formuler une opinion à leur égard... On les abandonne aux Spirites, et l'on préfère n'en point parler.

Et, cependant, des faits analogues, d'une égale transcendance dans le Surnaturel, ont été observés et contrôlés par d'autres auteurs : l'allemand Zoellner, le professeur russe Aksakof, d'autres encore (1)...

Pour nous, estimant que c'est précisément leur transcendance qui doit exclure de pareils faits d'un travail destiné surtout à familiariser peu à peu l'esprit avec la notion du *Surnormal*, nous les laisserons de côté, car le vieil adage, sous sa forme vulgaire, n'est souvent que trop vrai : Qui veut trop prouver, etc. Nous préférerions mille fois mettre sous les yeux de nos lecteurs les plus merveilleux phénomènes d'une réalité seulement *probable*.

Pourtant, comme cette question des phénomènes physiques occultes est très importante et plus que jamais à l'ordre du jour, comme, d'autre part, notre étude doit contenir les plus récentes recherches faites à leur endroit, nous allons terminer cette seconde partie de notre sujet par le compte rendu paru, il y a quelques jours,

---

(1) On trouvera le détail des expériences de ces auteurs dans un ouvrage tout récemment paru et très complet : *Le Phénomène spirite*, par Gabriel Delanne (Chamuel, 1893).

des expériences instituées, en septembre dernier, à Milan, avec le concours du médium Eusapia Paladino, par MM. Richet, Aksakof, Lombroso et plusieurs autres savants italiens.

Ce compte rendu constitue, dans les archives des Sciences psychiques, un document de la plus précieuse valeur. C'est, en effet, la première fois que l'on voit plusieurs hommes, d'une réputation scientifique incontestée, se réunir dans le but de soumettre à des investigations méthodiques des phénomènes jusqu'ici suspects et rejetés impitoyablement par les Académies. Ce fait seul indique le progrès accompli par les idées relatives à l'Occulte et à quel point ces idées sont « dans l'air ». Ce document ne conclut pas, c'est vrai, mais cette conclusion, il nous la fait entrevoir prochaine ; de plus, en nous mettant à même d'apprécier leur méthode si rigoureuse et leurs scrupules si tenaces, il nous montre que, lorsque ces mêmes hommes proclameront la réalité des merveilles de l'Occulte, on pourra et même il faudra les croire en toute sûreté d'esprit.

Que l'on veuille donc considérer ce qui va suivre comme le dernier mot dit par la Science officielle sur les phénomènes qui nous occupent. Que l'on veuille aussi le considérer comme une sorte de résumé synthétique de la seconde partie de notre étude, et regarder les opinions émises par les auteurs comme un exposé de ce que nous pensons nous-même.

Comme ce rapport est passablement long, nous nous voyons forcé de n'en citer que les passages les plus caractéristiques. Le lecteur trouvera les autres dans le numéro de février 1893 des *Annales des Sciences psychiques*.

RAPPORT DE LA COMMISSION

Réunie à Milan pour l'étude des Phénomènes psychiques

Prenant en considération le témoignage du professeur Cesare Lombroso, au sujet des phénomènes médianimiques qui se produisent par l'intermédiaire de Mme Eusapia Paladino, les soussignés se sont réunis ici, à Milan, pour faire avec elle une série d'études, en vue de vérifier ces phénomènes, en la soumettant à des expériences et à des observations aussi rigoureuses que possible. Il y a eu en tout dix-sept séances, qui se sont tenues dans l'appartement de M. Finzi (rue du Mont-de Piété), entre 9 heures du soir et minuit.

Le médium invité à ces séances par M. Aksakof fut présenté par le chevalier Chiaia, qui assista seulement à un tiers des séances, et presque uniquement aux premières et aux moins importantes.

Vu l'émotion produite dans le monde de la Presse par l'annonce de ces séances et les diverses appréciations qui y furent émises à l'égard de Mme Eusapia et du chevalier Chiaia, nous croyons devoir publier sans retard ce court compte rendu de toutes nos observations et expériences.

Avant d'entrer en matière, nous devons faire immédiatement remarquer que les résultats obtenus ne correspondent pas toujours à notre attente. Non pas que nous n'ayons en grande quantité des faits, en apparence ou réellement importants et merveilleux ; mais, dans la plupart des cas, nous n'avons pu appliquer les règles de l'art expérimental qui, dans d'autres champs d'observation, sont regardées comme nécessaires pour arriver à des résultats certains et incontestables.

La plus importante de ces règles consiste à changer l'un après l'autre les modes d'expérimentation, de façon à dégager la vraie cause, ou au moins les vraies conditions de tous les faits. Or, c'est précisément à ce point de vue que nos expériences nous semblent encore trop incomplètes.

Il est bien vrai que souvent le médium, pour prouver sa bonne foi, proposa spontanément de changer quelque particularité de l'une ou de l'autre expérience et, bien des fois, prit lui-même l'initiative de ces changements. Mais cela se rapportait surtout à des circonstances indifférentes en apparence, d'après notre manière de voir. Les changements, au contraire, qui nous semblaient nécessaires pour mettre hors de doute le vrai caractère des résultats, ou ne furent pas acceptés comme possibles par le médium, ou, s'ils furent réalisés, réussirent, la plupart du temps, à rendre l'expérience nulle ou au moins aboutirent à des résultats obscurs.

Nous ne nous croyons pas en droit d'expliquer ces faits, à l'aide de ces suppositions injurieuses que beaucoup trouvent encore les plus simples et dont les journaux se sont fait les champions.

Nous pensons, au contraire, qu'il s'agit ici de phénomènes d'une nature inconnue, et nous avouons ne pas connaître les conditions nécessaires pour qu'ils se produisent. Vouloir fixer ces conditions de notre propre chef serait donc aussi extravagant que de prétendre faire l'expérience du baromètre de Torricelli, avec un tube fermé en bas, ou des expériences électrostatiques, dans une atmosphère saturée d'humidité, ou encore de faire de la photographie en exposant la plaque sensible à la pleine lumière, avant de la placer dans la chambre obscure. Mais pourtant, en admettant tout cela (et pas un homme raisonnable n'en peut douter), il n'en reste pas moins vrai que l'impossibilité bien marquée de varier les expériences, à notre guise, a singulièrement diminué la valeur et l'intérêt des résultats obtenus, en leur enlevant, dans bien des cas, cette rigueur de démonstration qu'on est en droit d'exiger pour des faits de cette nature, ou plutôt à laquelle on doit aspirer.

Pour ces raisons, parmi les innombrables expériences effectuées, nous passerons sous silence ou nous mentionnerons rapidement celles qui nous paraîtront peu probantes et à l'égard desquelles les conclusions ont pu facilement varier chez les divers expérimentateurs. Nous noterons, au contraire, avec plus de détails, les circonstances dans lesquelles, malgré l'obstacle que nous venons d'indiquer, il nous semble avoir atteint un degré suffisant de probabilité.

I. — Phénomènes observés a la lumière

. . . .

3° Mouvements d'objets à distance, sans aucun contact avec une des personnes présentes

a) Mouvements spontanés d'objets.

Ces phénomènes ont été observés à plusieurs reprises pendant nos séances ; fréquemment, une chaise placée, dans ce but, non loin de la table, entre le médium et un de ses voisins, se mit en mouvement et quelquefois s'approcha de la table. Un exemple remarquable se produisit dans la seconde séance, *toujours en pleine lumière* ; une lourde chaise (10 kilog.), qui se trouvait à 1 mètre de la table et derrière le médium, s'approcha de M. Schiaparelli, qui se trouvait assis près du médium ; il se leva pour la remettre en place, mais à peine s'était-il rassis que la chaise s'avança une seconde fois vers lui.

b) Mouvements de la table sans contact.

Il était désirable d'obtenir ce phénomène par voie d'expérience.

Pour cela, la table fut placée sur des roulettes, les pieds du médium furent surveillés et tous les assistants firent la chaîne avec les mains, y compris celles du médium. Quand la table se mit en mouvement, nous soulevâmes, tous, les mains, sans rompre la chaîne, et la table, ainsi isolée, fit plusieurs mouvements, comme dans la seconde expérience. Cette expérience fut renouvelée plusieurs fois.

c) Mouvement du levier de la balance à bascule.

Cette expérience fut faite, pour la première fois, dans la séance du 21 septembre.

Après avoir constaté l'influence que le corps du médium exerçait sur la balance, pendant qu'il s'y tenait assis, il était intéressant de voir si cette expérience pouvait réussir à distance. Pour cela, la balance fut placée derrière le dos du médium assis à la table, de telle sorte que la plate-forme fût à 10 centimètres de sa chaise. On mit, en premier lieu, le bord de sa robe en contact avec la plate-forme ; le levier commença à se mouvoir. Alors, M. Brofferio se mit à terre et tint le bord avec la main ; il constata qu'il n'était pas tout à fait droit, puis il reprit sa place.

Les mouvements continuant avec assez de force, M. Aksakof se mit à terre, derrière le médium, isola complètement la plate-forme du bord de sa robe, replia celui-ci sous la chaise et s'assura avec la main que l'espace était bien libre entre la plate-forme et la chaise, ce qu'il nous fit connaître aussitôt.

Pendant qu'il restait dans cette position, le levier continuait à se mouvoir et à battre contre la barre d'arrêt, ce que nous avons tous vu et entendu. Une seconde fois, la même expérience fut faite, dans la séance du 27 septembre, devant le professeur Richet. Quand, après une certaine attente, le mouvement du levier se produisit à la vue de tous, battant contre l'arrêt, M. Richet quitta aussitôt sa place auprès du médium et s'assura, en passant la main en l'air et par terre, entre le médium et la plate-forme, que cet espace était libre de toute communication, de toute ficelle ou artifice.

4° *Coups et reproductions de sons dans la table*

Ces coups se sont toujours produits pendant nos séances, pour exprimer *oui* ou *non :* quelquefois ils étaient forts et nets et semblaient résonner dans le bois de la table ; mais, comme on l'a remarqué, la localisation du son n'est pas chose facile, et nous n'avons pu essayer, sur ce point, aucune expérience, à l'exception des coups rythmés ou des divers frottements que nous faisions sur la table et qui semblaient se reproduire, ensuite, *dans l'intérieur de la table*, mais faiblement.

II. — Phénomènes observés dans l'obscurité

Les phénomènes observés dans l'obscurité complète se produisirent pendant que nous étions tous assis autour de la table, faisant la chaîne (au moins pendant les premières minutes). Les mains et les pieds du médium étaient tenus par ses deux voisins. Invariablement, les choses étant en cet état, ne tardèrent pas à se produire les faits les plus variés et les plus singuliers que, dans la pleine lumière, nous aurions en vain désirés ; l'obscurité augmentant évidemment la facilité de ces manifestations, que l'on peut classer comme il suit :

1. Coups sur la table sensiblement plus forts que ceux que l'on entendait en pleine lumière sous ou dans la table ; fracas terrible, comme celui d'un coup de poing ou d'un fort soufflet donné sur la table.

2. Chocs et coups frappés contre les chaises des voisins du médium, parfois assez forts pour faire tourner la chaise avec la personne. Quelquefois cette personne se soulevant, sa chaise était retirée.

3. Transport sur les tables d'objets divers, tels que des chaises, des vêtements et d'autres choses, quelquefois « éloignés de plusieurs mètres » et pesant « plusieurs kilogrammes. »

4. Transport dans l'air d'objets divers, d'instruments de musique, par exemple ; percussions et sons produits par ces objets.

5. Transport sur la table du médium, avec la chaise sur laquelle il était assis.

6. *Apparitions de points phosphorescents de très courte durée (une fraction de seconde) et de lueurs, notamment de disques lumineux, qui souvent se dédoublaient, d'une durée également très courte.*

7. *Bruit de deux mains qui frappaient en l'air l'une contre l'autre.*

8. *Souffles d'air sensibles, comme un léger vent limité à un petit espace.*

9. *Attouchements produits par une main mystérieuse, soit sur les parties vêtues de notre corps, soit sur les parties nues (visage et mains), et, dans ce dernier cas, on éprouve exactement cette sensation de contact et de chaleur que produit une main humaine. Parfois, on perçoit réellement de ces attouchements, qui produisent un bruit correspondant.*

10. *Vision d'une ou deux mains projetées sur un papier phosphorescent ou une fenêtre faiblement éclairée.*

11. *Divers ouvrages effectués par ces mains : nœuds faits et défaits, traces de crayon (selon toute apparence) laissées sur une feuille de papier ou autre part. Empreintes de ces mains sur une feuille de papier noircie.*

12. *Contact de nos mains avec une figure mystérieuse, « qui n'est certainement pas celle du médium ».*

Tous ceux qui nient la possibilité des phénomènes médianimiques essaient d'expliquer ces faits, en supposant que le médium a la faculté (déclarée impossible par le professeur Richet) de voir dans l'obscurité complète où se faisaient les expériences, et que celui-ci, par un habile artifice, en s'agitant de mille manières dans l'obscurité, finit par faire tenir la même main par ses deux voisins, en rendant l'autre libre, pour produire les attouchements. Ceux d'entre nous qui ont eu l'occasion d'avoir en garde les mains d'Eusapia sont obligés d'avouer que celle-ci ne se prêtait assurément pas à faciliter leur surveillance et à les rendre à tout instant sûrs de leur fait.

Au moment où allait se produire quelque phénomène important, elle commençait à s'agiter de tout son corps, se tordant et essayant de délivrer ses mains, surtout la droite, comme d'un contact gênant. Pour rendre leur surveillance continue, ses voisins étaient obligés de suivre tous les mouvements de la main fugitive, opération pendant laquelle il n'était pas rare de perdre son contact pendant quelques instants, juste au moment où il était le plus désirable de s'en bien assurer. Il n'était pas toujours facile de savoir si l'on tenait la main droite ou la main gauche du médium.

Pour cette raison, beaucoup des manifestations très nombreuses, observées dans l'obscurité, ont été considérées comme d'une valeur démonstrative insuffisante, quoiqu'en réalité probable : aussi les passerons-nous sous silence, exposant seulement quelques cas sur lesquels on ne peut avoir aucun doute, soit à cause de la certitude du contrôle exercé, soit par *l'impossibilité manifeste* qu'ils fussent l'œuvre du médium.

a) Apports de différents objets, pendant que les mains du médium étaient attachées à celles de ses voisins.

Pour nous assurer que nous n'étions pas victimes d'une illusion, nous attachâmes les mains du médium à celles de ses deux voisins, au moyen d'une simple ficelle de 3 millim. de diamètre, de façon que les mouvements des quatre mains se contrôlassent réciproquement... L'attache fut faite de la façon suivante : autour de chaque poignet du médium, on fit trois tours de ficelle, sans laisser de jeu, serrés presque au point de lui faire mal, et ensuite on fit deux fois un nœud simple. Ceci fait, une sonnette fut placée sur une chaise, à droite du médium. On fit la chaîne et les mains du médium furent, en outre, tenues comme d'habitude, ainsi que ses pieds. On fit l'obscurité, en exprimant le désir que la sonnette tintât immédiatement, après quoi nous aurions détaché le médium. *Immédiatement*, nous entendîmes la chaise se renverser, décrire une courbe sur le sol, s'approcher de la table et bientôt se placer sur celle-ci. La sonnette tinta, puis fut projetée sur la table. Ayant fait brusquement la lumière, on constata que les nœuds étaient dans un ordre parfait. Il est clair que l'apport de la chaise n'a pu être produit par l'action des mains du médium, pendant cette expérience, qui ne dura en tout que dix minutes.

b) Empreintes de doigts obtenues sur du papier enfumé.

Pour nous assurer que nous avions vraiment affaire à une main humaine, nous fixâmes sur la table, du côté opposé à celui du médium, une feuille de papier noirci avec du noir de fumée, en exprimant le désir que la main y laissât une empreinte, que la main du médium restât propre, et que le noir de fumée fût transporté sur l'une de nos mains. Les mains du médium étaient tenues par celles de MM. Schiaparelli et Du Prel. On fit la chaîne et l'obscurité ; nous entendîmes lors une main frapper légèrement sur la table, et bientôt M. Du

Prel annonça que sa main gauche, qu'il tenait sur la main droite de M. Finzi, avait senti des doigts qui la frottaient.

Ayant fait la lumière, nous trouvâmes sur le papier plusieurs empreintes de doigts et le dos de la main de M. Du Prel teint de noir de fumée ; les mains du médium, examinées immédiatement, ne portaient aucune trace. Cette expérience fut répétée trois fois, en insistant pour avoir une empreinte complète : sur une seconde feuille, on obtint cinq doigts et sur une troisième, l'empreinte d'une main gauche presque entière. Après cela, le dos de la main de M. Du Prel était complètement noirci et les mains du médium parfaitement nettes.

c) Apparition de mains sur un fond légèrement éclairé.

Nous plaçames sur la table un carton enduit d'une substance phosphorescente (sulfure de calcium) et nous en plaçâmes d'autres sur des chaises, en différents points de la chambre. Dans ces conditions, nous vîmes très bien le profil d'une main qui se posait sur le carton de la table et sur le fond formé par les autres cartons ; on vit l'ombre de la main passer et repasser autour de nous.

Le soir du 21 septembre, l'un de nous vit, à plusieurs reprises, non pas une, mais *deux mains à la fois* se projeter sur la faible lumière d'une fenêtre, fermée seulement par des carreaux (au dehors il faisait nuit, mais ce n'était pas l'obscurité absolue); les mains s'agitaient rapidement, pas assez pourtant pour que nous n'en pussions distinguer nettement le profil. Elles étaient complètement opaques, et se projetaient sur la fenêtre, en silhouettes absolument noires. Il ne fut pas possible aux observateurs de porter un jugement sur les bras auxquels ces mains étaient attachées, parce qu'une petite partie seulement de ces bras, voisine du poignet, s'interposait devant la faible clarté de la fenêtre, dans l'endroit où l'on pouvait l'observer.

Ces phénomènes d'apparition simultanée de deux mains sont très significatifs, parce que l'on ne peut les expliquer par l'hypothèse d'une supercherie du médium qui n'aurait pu, en aucune façon, en rendre libre plus d'une seule, grâce à la surveillance de ses voisins. La même conclusion s'applique au battement des *deux mains* l'une contre l'autre, qui fut entendu plusieurs fois dans l'air, pendant le cours de nos expériences.

d) Enlèvement du médium sur la table.

Nous plaçons parmi les faits les plus importants et les plus significatifs cet enlèvement, qui s'est effectué deux fois, le 23 septembre e le 3 octobre : le médium, qui était assis à un bout de table, faisant entendre de grands gémissements, fut soulevé avec sa chaise et placé avec elle sur la table, assis dans la même position, ayant toujours les mains tenues et accompagnées par ses voisins.

Le soir du 28 septembre, le même médium, tandis que ses deux mains étaient tenues par MM. Richet et Lombroso, se plaignit de mains qui le saisissaient sous le bras, puis, dans un état de transe, il dit d'une voix changée, qui est ordinaire dans cet état : « Maintenant, j'apporte mon médium sur la table. » Au bout de deux ou trois secondes, la chaise avec le médium qui y était assis fut, non pas jetée, mais soulevée sans précaution et déposée sur la table, tandis que MM. Richet et Lombroso sont sûrs de n'avoir aidé en rien à cette ascension par leurs propres efforts. Après avoir parlé, toujours en état de *transe*, le médium annonça sa descente, et M. Finzi s'étant substitué à M. Lombroso, le médium fut déposé à terre avec autant de sûreté et de précision, tandis que MM. Richet et Finzi accompagnaient, sans les aider en rien, les mouvements des mains et du corps et s'interrogeaient à chaque instant sur la position des mains.

En outre, pendant la descente, tous deux sentirent, à plusieurs reprises, une main qui les touchait légèrement sur la tête. Le soir du 3 octobre, le même phénomène se renouvela, dans des circonstances assez analogues, MM. Du Prel et Finzi se tenant à côté du médium.

e) Attouchements.

Quelques-uns méritent d'être notés, particulièrement, à cause d'une circonstance capable de fournir quelque notion intéressante sur leur origine possible ; et d'abord, il faut noter les attouchements qui furent sentis par les personnes placées hors de la portée des mains du médium.

Ainsi, le 6 octobre, M. Gerosa, qui se trouvait à la distance de trois places du médium (environ 1 mètre), ayant élevé la main pour qu'elle fût touchée, sentit plusieurs fois une main qui frappait la sienne pour l'abaisser, et comme il persistait, il fut frappé avec une trompette, qui, un peu auparavant, avait rendu des sons en l'air...

En second lieu, il faut noter les attouchements qui constituent des opérations délicates, qu'on ne peut faire dans l'obscurité avec la précision que nous leur avons remarquée.

Deux fois (16 et 21 septembre), M. Schiaparelli eut ses lunettes enlevées et placées devant une autre personne sur la table. Ces lunettes sont fixées aux oreilles au moyen de deux ressorts, et il faut une certaine attention pour les enlever, même pour celui qui opère en pleine lumière. Elles furent pourtant enlevées, dans l'obscurité complète, avec tant de délicatesse et de promptitude, que le dit expérimentateur ne s'en aperçut seulement qu'en ne sentant plus le contact habituel de ses lunettes sur son nez, sur les tempes et sur les oreilles, et il dut se tâter avec les mains pour s'assurer qu'elles ne se trouvaient plus à leur place habituelle.

Des effets analogues résultèrent de beaucoup d'autres attouchements, exécutés avec une excessive délicatesse, par exemple, lorsqu'un des assistants se sentit caresser les cheveux et la barbe. Dans toutes les innombrables manœuvres exécutées par les mains mystérieuses, il n'y eut jamais à noter une maladresse ou un choc, ce qui est ordinairement inévitable pour qui opère dans l'obscurité . . . .

f) Contacts avec une figure humaine.

L'un de nous, ayant exprimé le désir d'être embrassé, sentit devant sa propre bouche le bruit rapide d'un baiser, mais non accompagné d'un contact de lèvres : cela se produisit deux fois (21 septembre et 1ᵉʳ octobre). En trois occasions différentes, il arriva à l'un des assistants de toucher une figure humaine ayant des cheveux et de la barbe; le contact de la peau était absolument celui de la figure d'un homme vivant, les cheveux étaient beaucoup plus rudes et hérissés que ceux du médium, et la barbe, au contraire, paraissait très fine (1ᵉʳ, 5 et 6 octobre).

. . . .

h) Expériences de Zœllner sur la pénétration d'un solide à travers un autre solide.

On connaît les célèbres expériences par lesquelles l'astronome Zœllner a tenté de prouver expérimentalement l'existence d'une quatrième dimension de l'espace, laquelle, d'après sa manière de voir, aurait pu servir de base à une théorie acceptable de beaucoup de phénomènes médianimiques.

Quoique nous sachions bien que, d'après une opinion très répandue, Zœllner a pu être victime d'une mystification fort habile (1), nous

---

(1) Opinion qui a cours aussi en ce qui concerne Croockes.... Elle est si commode ! Grâce à elle, on évite si aisément les courbatures cérébrales que l'on attraperait, à vouloir réfléchir sérieusement sur ces histoires-là !

avons cru très important d'essayer une partie de ses expériences, avec l'aide de Mme Eusapia. Une seule d'entre elles, qui aurait réussi, avec les précautions voulues, nous aurait récompensé avec usure de toutes nos peines et nous aurait donné une preuve évidente de la réalité des faits médianimiques, même aux yeux des contradicteurs les plus obstinés. Nous avons essayé successivement trois des expériences de Zœllner, savoir :

1° L'entrecroisement de deux anneaux solides (de bois ou de carton), auparavant séparés ;

2° La formation d'un nœud simple sur une corde sans fin ;

3° La pénétration d'un objet solide de l'extérieur à l'intérieur d'une boîte fermée, dont la clef était gardée en main sûre (1).

Aucune de ces tentatives n'a réussi. Il en fut de même d'une autre expérience qui aurait été non moins probante, celle du moulage de la main mystérieuse dans de la paraffine fondue.....

III. — Phénomènes précédemment observés dans l'obscurité, obtenus enfin a la lumière, avec le médium en vue.

Il restait, pour arriver à une entière conviction, à essayer d'obtenir les phénomènes importants de l'obscurité, sans cependant perdre de vue le médium. Puisque l'obscurité est, à ce qu'il semble, assez favorable à leur manifestation, il fallait laisser l'obscurité aux phénomènes et maintenir la lumière pour nous et le médium. Pour cela, voici comment nous procédâmes, dans la séance du 6 octobre : une portion d'une chambre fut séparée de l'autre par une tenture, pour qu'elle restât dans l'obscurité, et le médium fut placé, assis sur une chaise, devant l'ouverture de la tenture, ayant le dos dans la partie obscure ; les bras, les mains, le visage et les pieds dans la partie éclairée de la chambre.

Derrière la tenture, on plaça une petite chaise avec une sonnette, à un demi-mètre à peu près de la chaise du médium, et sur une autre

---

(1) On trouvera, dans le livre de M. Croockes (pag. 172 et suiv.), un fait à peu près analogue : en présence de plusieurs personnes et de M. Croockes lui-même, « une tige d'herbe de Chine » traversa une table...

chaise plus éloignée, on plaça un vase plein d'argile humide, parfaitement unie à la surface. Dans la partie éclairée, nous fîmes cercle autour de la table, qui fut placée devant le médium. Les mains de celui-ci furent toujours tenues par ses voisins, MM. Schiaparelli et Du Prel. La chambre était éclairée par une lanterne à verres rouges, placée sur une autre table. *C'était la première fois que le médium était soumis à ces conditions.*

Bientôt les phénomènes commencèrent. Alors, à la lumière d'une bougie sans verres rouges, nous vîmes la tenture se gonfler vers nous; les voisins du médium, opposant leurs mains à la tenture, sentirent une résistance ; la chaise de l'un d'eux fut tirée avec violence, puis cinq coups y furent frappés, ce qui signifiait que l'on demandait moins de lumière. Alors nous allumâmes *à la place* la lanterne rouge, en la protégeant en outre, en partie, avec un écran ; mais, peu après, nous pûmes enlever cet objet et, auparavant, la lanterne fut placée sur notre table, devant le médium Les bords de l'orifice de la tenture furent fixés aux angles de la table et, à la demande du médium, repliés au-dessous de sa tête et fixés avec des épingles : alors, sur la tête du médium, quelque chose commença à apparaître à plusieurs reprises. M. Aksakof se leva, mit la main dans la fente de la tenture, au-dessus de la tête du médium, et annonça bientôt que des doigts le touchaient à plusieurs reprises, puis sa main fut attirée à travers la tenture ; enfin, il sentit que quelque chose venait lui repousser la main ; c'était la petite chaise, il la tint, puis la chaise fut de nouveau reprise, et tomba à terre. *Tous les assistants mirent la main dans l'ouverture et sentirent le contact des mains.* Dans le fond noir de cette ouverture, au-dessus de la tête du médium, les lueurs bleuâtres habituelles apparurent plusieurs fois ; M. Schiaparelli fut touché fortement, à travers la tenture, sur le dos et au côté ; sa tête fut recouverte et attirée dans la partie obscure, tandis que, de la main gauche, il tenait toujours la droite du médium, et, de la main droite, la gauche de Finzi.

Dans cette position, il se sentit toucher par des doigts nus et chauds, vit des lueurs décrivant des courbes dans l'air, et éclairant un peu la main ou le corps dont ils dépendaient. Puis il reprit sa place, et alors une main commença à apparaître à l'ouverture, sans être retirée aussi rapidement, et, par conséquent, plus distinctement. Le médium, n'ayant encore jamais vu cela, leva la tête pour regarder, et aussitôt la main lui toucha le visage. M. Du Prel, sans lâcher la main du médium, passa la tête dans l'ouverture, au-dessus de la tête du médium, et aussitôt il se sentit touché fortement en différentes parties et par plusieurs doigts. Entre les deux têtes, la main se montra encore. M. Du Prel reprit sa place, et M. Aksakof présenta un crayon dans l'ouverture ; le crayon fut attiré par la main et ne tomba pas ; puis, un peu après, il fut lancé à travers la fente, sur la table. Une fois apparut un poing fermé sur la tête du médium ; puis après, la main ouverte se fit voir lentement, tenant les doigts écartés.

Il est impossible de compter le nombre de fois que cette main apparut et fut touchée par l'un de nous; il suffit de dire qu'aucun doute n'était plus possible : *c'était véritablement une main humaine et vivante que nous voyions et touchions, pendant qu'en même temps, le buste et les bras du médium demeuraient visibles et que ses mains étaient tenues par ses deux voisins.* A la fin de la séance, M. Du Prel passa le premier dans la partie obscure, et nous annonça une empreinte dans l'argile. En effet, nous constatâmes que celle-ci était déformée par une profonde éraflure de cinq doigts appartenant à la main droite (ce qui expliqua ce fait, qu'un morceau d'argile avait été jeté sur la table, à travers l'orifice de la tenture, vers la fin de la séance), preuve permanente que nous n'avions pas été hallucinés.

Ces faits se répétèrent plusieurs fois, sous la même forme ou sous une forme très peu différente, dans les soirées des 9, 13, 15, 17 et 18 octobre.

. . . .

Conclusion

Ainsi donc, tous les phénomènes merveilleux que nous avons observés, dans l'obscurité complète ou presque complète, nous les avons obtenus aussi sans perdre de vue le médium, même un instant. En cela, la séance du 6 octobre fut pour nous la constatation évidente et absolue de la justesse de nos observations antérieures dans l'obscurité ; ce fut la preuve incontestable que, pour expliquer les phénomènes de la complète obscurité, il n'est pas absolument nécessaire de supposer une supercherie du médium, ni une illusion de notre part ; ce fut pour nous la preuve que ces phénomènes peuvent résulter d'une cause identique à celle qui les produit, quand le médium est visible, avec une lumière suffisante pour contrôler la position et les mouvements.

En publiant ce court et incomplet compte rendu de nos expériences, nous avons aussi le devoir de dire que nos convictions sont les suivantes :

1º Que, dans les circonstances données, aucun des phénomènes obtenus à la lumière plus ou moins intense n'aurait pu être produit à l'aide d'un artifice quelconque ;

2° Que la même opinion peut être affirmée en grande partie pour les phénomènes de l'obscurité complète. Pour un certain nombre de ceux-ci, nous pouvons bien reconnaître, *à l'extrême rigueur*, la possibilité de les imiter, au moyen de quelque adroit artifice du médium ; toutefois, d'après ce que nous avons dit, il est évident que cette hypothèse serait, non seulement *improbable*, mais encore *inutile* dans le cas actuel, puisque, même en l'admettant, l'ensemble des faits nettement prouvés ne s'en trouverait nullement atteint.

Nous reconnaissons d'ailleurs que, au point de vue de la science exacte, nos expériences laissent encore à désirer ; elles ont été entreprises sans que nous pussions savoir ce dont nous avions besoin, et les divers appareils que nous avons employés ont dû être préparés et improvisés par les soins de MM. Finzi, Gerosa et Ermacora.

Toutefois, ce que nous avons vu et constaté suffit, à nos yeux, pour prouver que ces phénomènes sont bien dignes de l'attention des savants.

Nous considérons comme notre devoir d'exprimer publiquement notre reconnaissance pour M. D. Ercole Chiaia, qui a poursuivi pendant de longues années, avec tant de zèle et de patience, en dépit des clameurs et des dénigrements, le développement de la faculté médianimique de ce sujet remarquable, en appelant sur lui l'attention des hommes d'étude, et n'ayant en vue qu'un seul but : le triomphe d'une vérité impopulaire.

> ALEXANDRE AKSAKOF, directeur du journal les *Etudes psychiques,* à Leipzig ; conseiller d'Etat de S. M. l'Empereur de Russie.
>
> GIOVANNI SCHIAPARELLI, directeur de l'Observatoire astronomique de Milan.
>
> CARL DU PREL, docteur en philosophie, de Munich.
>
> ANGELO BROFFERIO, professeur de philosophie.
>
> GIUSEPPE GEROSA, professeur de physique à l'Ecole royale supérieure d'agriculture de Portici.
>
> G.-B. ERMACORA, docteur en physique.
>
> GIORGIO FINZI, docteur en physique.

A une partie de nos séances ont assisté quelques autres personnes, parmi lesquelles nous mentionnerons :

> MM. CHARLES RICHET, professeur à la Faculté de médecine de Paris, directeur de la *Revue Scientifique* (5 séances).
>
> CESARE LOMBROSO, professeur à la Faculté de médecine de Turin (2 séances).

Dans le numéro des *Annales* qui contient ce procès-verbal, figure aussi une étude de ces mêmes phénomènes, par M. Richet.

Nous allons donner quelques extraits de ses appréciations et de ses conclusions personnelles :

> Et maintenant, que peut-on conclure ? dit le savant professeur, après avoir raconté minutieusement les principales expériences. — Car il ne suffit pas d'énumérer des expériences ; il faut dégager ou essayer de dégager le résultat final qu'elles apportent.
>
> Si, comme ce n'est pas tout à fait le cas, nous avions obtenu un résultat tout absolument décisif, je n'aurais pas hésité un instant à dire hautement mon opinion. La défaveur publique ne m'inquiète guère et ce ne serait pas la première fois que je me serais trouvé en désaccord avec la majorité, voire même la presque unanimité de mes confrères; les doutes que je ne crains pas d'avouer sont donc des doutes réels, non des doutes de timidité ou d'hésitation dans ma pensée.
>
> Certes, s'il s'agissait de prouver quelque fait simple et naturel, à peu près évident *a priori*, ou ne contredisant pas les données scientifiques vulgaires, je m'estimerais pleinement satisfait : les preuves seraient largement suffisantes et il me paraîtrait presque inutile de continuer, tant les faits accumulés dans ces séances paraissent éclatants et concluants ; mais il s'agit de démontrer des phénomènes vraiment absurdes, contraires à tout ce que les hommes, le vulgaire ou les savants, ont admis depuis quelques milliers d'années. C'est un bouleversement radical de toute la pensée humaine, de toute l'expérience humaine ; c'est un monde nouveau ouvert à nous, et, par conséquent, il n'est pas possible d'être trop réservé dans l'affirmation de ces étranges et stupéfiants phénomènes..........................
>
> ....
>
> Pour ma part, je n'admets pas du tout qu'Eusapia trompe de propos délibéré; et je crois que, si elle trompe, c'est sans le savoir elle-même... car il y a, dans la production de ces phénomènes, même s'ils ne sont pas sincères, une part d'inconscience qui est certainement très grande...
>
> Quant à l'opinion des personnes qui ont suivi Eusapia pendant longtemps, elle serait d'un grand poids s'il s'agissait de phénomènes vulgaires et ordinaires ; mais les faits dont il s'agit sont trop surprenants pour que la croyance d'une personne, non habituée à l'expérimentation, détermine ma propre croyance. Je suis bien certain de la

bonne foi de M. Chiaia et des autres hommes distingués qui ont, pendant des mois et des années, observé Eusapia : mais leur perspicacité ne m'est pas démontrée, et je puis parler ainsi sans les froisser, car je me défie de ma propre perspicacité...

Pour ce qui est des expériences elles-mêmes :

Il faut, avant tout, écarter l'hypothèse d'un compère... et s'il y a une supercherie, c'est Eusapia seule qui la commet, sans être aidée par personne et sans que personne s'en doute. De plus, si cette supercherie existe, elle se fait sans appareil, par des moyens très simples, presque enfantins. Eusapia.... n'a aucun objet dans sa poche ou ses vêtements.

Reste alors la seule hypothèse possible, c'est qu'Eusapia trompe, en remuant les objets avec ses pieds ou avec ses mains, après avoir réussi à dégager ses mains ou ses pieds des mains et des pieds de ceux qui sont chargés de la surveiller.

Si ce n'est pas cela qui est l'explication, la réalité des phénomènes donnés par elle me paraît tout à fait certaine. Eh bien, je l'avoue, cette explication par des mouvements de ses pieds et de ses mains est peu satisfaisante. Dans quelques expériences....., celle, par exemple, de la chaise qui est venue derrière le rideau se placer sur le bras de M. Finzi, en demi-lumière..., je ne vois pas du tout comment la main d'Eusapia a pu se dégager, et comment, s'étant dégagée, cette main a pu accomplir le mouvement en question. Je me déclare donc incapable de comprendre.

Mais, d'autre part, il s'agit de faits si absurdes qu'il ne faut pas se satisfaire à trop bon compte (1). Les preuves que je donne seraient bien suffisantes pour une expérience de chimie. Elles ne suffisent pas pour une expérience de spiritisme . . . .
. . . .

En définitive : *Quelque absurdes et ineptes que soient les expériences faites par Eusapia, il me paraît bien difficile d'attribuer les phénomènes produits à une supercherie soit consciente, soit inconsciente, ou à une série de supercheries. Toutefois, la preuve formelle,*

---

(1) Voilà un reproche que — nos lecteurs en conviendront — l'on ne saurait adresser au scrupuleux directeur de la *Revue Scientifique*.

irrécusable, que ce n'est pas une fraude de la part d'Eusapia et une illusion de notre part, cette preuve formelle fait défaut.
 Il faut donc chercher de nouveau une preuve irrécusable.
Charles RICHET.

On a pu s'en convaincre, il serait difficile d'être, plus que M. Richet, pénétré du véritable esprit scientifique, de se montrer d'une exigence plus scrupuleuse en fait de méthode et de preuves. Pareilles qualités intellectuelles, jointes à un *philonéisme* aussi éclairé qu'ardent, nous sont de sûres garanties que la cause de la Psychologie occulte ne saurait être en de meilleures mains. Avec une telle intellectualité, l'écueil, — s'il pouvait y en avoir un — serait précisément, par un ironique retour, une suspicion trop tenace, une exigence poussée trop loin en fait de preuves....

Nous voici parvenu à la fin de cette étude des Phénomènes physiques occultes, et cette progression à travers l'Absurde vient d'atteindre à son plus haut sommet, celui où le vertige est proche...

Pas plus ici que précédemment, l'on ne doit nous demander des considérations plus ou moins développées, plus ou moins subtiles sur ces obscurs et inquiétants mystères, car, partout, dans l'Occulte, nos habitudes mentales, nos procédés de raisonnement et d'appréciation se trouvent en défaut. De quelque côté qu'il se tourne, l'esprit se heurte à des difficultés presque insurmontables et surtout irritantes. La seule attitude qui lui convienne donc, la seule rationnelle est une expectative impartiale et attentive.

Certes, nous en avons assez dit pour exciter à d'exhilarantes joies ou à d'apitoyés haussements d'épaules les délectables exemplaires humains étiquetés « Beaux-Esprits ». Et c'est déjà un résultat...

Aurons-nous réussi de même à susciter chez les âmes

sérieuses, dans les cerveaux sagement réceptifs, non pas un entraînement passager, non pas une conviction hâtive, mais la notion raisonnée de l'*Anormal possible*, mais un un intérêt réfléchi pour les Phénomènes de l'Occulte ?

Que cet espoir nous soit permis.

3° Des Médiums

Nous ne pouvons terminer ce que nous avions à dire des Phénomènes occultes, c'est-à-dire des Phénomènes dus, selon toute probabilité, à une faculté encore mystérieuse de l'organisme, sans dire un mot des sujets qui présentent un développement plus ou moins remarquable de cette faculté.

Or, malgré l'importance évidente d'une pareille étude pour la solution des divers problèmes que nous venons de passer en revue, il semble que, jusqu'ici, elle ait été un peu négligée ; on s'est attaché surtout à la constatation aussi exacte que possible des faits — ce qui était rationnel, du reste — et l'on s'est contenté d'observations plus ou moins superficielles sur les états somatiques et psychiques des sujets qui les produisaient. Il en résulte que le « type » du médium reste encore à établir.

Mais d'abord, il conviendrait de préciser où commence et où finit la véritable médiumnité.

A notre sens, on a trop souvent donné ce titre de « médium » à des personnes qui rentrent simplement dans la catégorie des sujets hypnotiques : tels sont les médiums à *incarnations*, *à écriture directe*, etc. Nous ne nions pas absolument que les phénomènes qu'ils produisent puissent reconnaître d'autres causes, plus ou moins occultes ; mais comme, par l'automatisme psychologique, la dualité cérébrale, les variations de la personnalité, on les interprète d'une façon satisfaisante, même dans les cas les plus compliqués, nous estimons que, dans le doute, on doit refuser à de tels sujets le don de la véritable médiumnité.

Qu'est-ce donc qui caractérise le médium authentique? C'est, suivant nous, la possession de ce « *quelque chose* de particulier » comme dit Croockes, de cette force spéciale. encore si mal connue, que la Science nomme Force psychique et qui produit des phénomènes absolument distincts de ceux de l'Hypnotisme : mouvements d'objets sans contact, matérialisations, etc.

Tel est pour nous le *seul Médium*.

Est-ce à dire qu'il n'existe aucun point de ressemblance entre lui et le *sujet*, aucun rapport entre les phénomènes de l'Hypnotisme et ceux de la Médiumnité transcendante?

Nous ne le pensons pas, et, pour ne citer qu'un fait, nous rappellerons que si les grands médiums produisent certains de leurs « prodiges » à l'état de veille, la production de certains autres exige qu'ils soient tantôt en léthargie, tantôt en somnambulisme, ou tout au moins dans un état particulier encore mal défini, et qui paraît être intermédiaire à la veille et au sommeil : l'état de *transe*, comme on dit entre Spirites. Mais ici, plus que partout ailleurs, il faut se méfier des analogies apparentes, et ce simple fait ne saurait suffire à établir entre le sujet et le médium une tendance à la similitude, tendance que nous soupçonnons depuis longtemps, sans que nous ayons encore pu, faute de posséder de réels médiums, la vérifier d'une façon certaine.

Or, on saisit sans peine les conséquences d'un rapprochement entre la Psychologie occulte et l'Hypnotisme. Si l'on pouvait démontrer, en effet, que les Phénomènes occultes ne sont en quelque sorte que les phénomènes *transcendantalisés* de l'Hypnotisme, il est presque certain que la Psychologie occulte, désormais moins suspecte, aurait moins de préventions à vaincre et pourrait espérer, dans un avenir plus proche, une solution satisfaisante de ses inquiétants problèmes (1).

Les affinités probables entre médiums et sujets ont été depuis longtemps pressenties. C'est ainsi que Perrier écrivait, en 1854 : « Les médiums sont des somnambules incomplets (2) », et qu'après lui, Chevillard disait que c'est « le même phénomène qui produit le somnambulisme et le spiritisme (3) ». Mais ces auteurs, et d'autres encore, n'avaient surtout en vue que les médiums à incarnations, à écriture directe, etc., bref, ceux que l'on peut nommer les médiums *douteux*, en sorte que leurs conclusions ne sauraient être probantes.

Plus récemment, M. Janet et le docteur Encausse (*Papus*) ont repris cette étude comparative. Par malheur, ces auteurs, eux aussi, s'occupent surtout de cette classe de médiums chez lesquels l'existence de la Force psychique n'est nullement démontrée, et M. Janet n'a pas de peine à prouver qu'ici médium et sujet ne font qu'un (4).

Suivant nous, le problème à résoudre se pose ainsi :

---

(1) Ce rapprochement, M de Rochas en légitime plus que personne la supposition et l'espoir, lorsqu'il nous révèle, dans ses *Etats profonds de l'Hypnose*, quelques-uns des étonnants et nombreux mystères que recèle encore l'Hypnotisme ; il nous donne même la quasi-certitude que celui-ci n'est, comme il le dit, que « le vestibule d'un vaste et merveilleux édifice. »

(2) *Journal du Magnétisme*. 1854, 79.

(3) Chevillard: *Etudes expérimentales sur certains phénomènes nerveux, et solution rationnelle du problème spirite*. 1875.

(4) Voy. son livre : l'*Automatisme psychologique*, p. 404 et suiv.

rechercher et établir les similitudes qui — soit pendant la veille, soit pendant le sommeil — peuvent exister entre les sujets hypnotiques et *les personnes qui, paraissant douées d'une Force spéciale, produisent des Phénomènes différant absolument de ceux de l'Hypnose* (1), tels que mouvements d'objets sans contact, matérialisations, etc.

M. Encausse, dans son *Traité de Science occulte*, a consacré plusieurs pages d'un intérêt particulier à cette étude comparative ; il établit un parallèle entre le sujet et le médium, d'abord à l'état de veille, puis dans le sommeil, et il parvient à établir chez le second l'existence de *phases* analogues à celles que traverse le sujet. Ce qui affaiblit un peu, du moins à notre avis, les conclusions de l'auteur, c'est qu'il ne fait pas de différence, quant à leur origine, entre les phénomènes médianimiques qui peuvent s'interpréter scientifiquement (*typtologie*, mouvements de la table avec contact, écriture directe, incarnation, etc.) et les autres, ceux qui révèlent seuls une médiumnité réelle. Il semble que, pour M. Encausse, un médium à incarnations soit aussi sûrement médium que celui qui produit des matérialisations ou des effets à distance (2). Nous sommes persuadé que le savant chef de clinique du Dr Luys possède de solides raisons pour penser ainsi ; quant à nous, nous ne voulons pas affirmer, encore un coup, que les incarnations et l'écriture directe ne puissent reconnaître une cause réellement

---

(1) Cela revient à chercher si, déjà, dans les phénomènes de l'Hypnose, ce « quelque chose » d'inconnu, que l'on a nommé Force psychique, n'intervient pas.

(2) Voy. Papus : *Traité méthodique de Science occulte*, p. 867 et suiv.

médianimique ; mais comme ces faits sont passibles d'une interprétation rationnelle — du moins dans tous les cas que nous connaissons, — nous ne pouvons pas les considérer comme dus sûrement à une faculté, à une force occulte de l'organisme.

Que si l'on nous objecte que le même médium peut produire — ce qui est vrai — des incarnations et des matérialisations, l'écriture directe et des effets à distance, nous répondrons que cela ne saurait nullement prouver l'identité de cause des phénomènes. Les théories de l'automatisme psychologique et des variations de la personnalité expliquent suffisamment les premiers de ces faits et, pour le moment, restent impuissantes devant les seconds : simplement.

En résumé, disons donc que si certains médiums, les médiums à incarnations, à écriture directe, etc. — les plus nombreux — peuvent être et ont été justement assimilés aux sujets hypnotiques, pareille assimilation, bien que probable, reste encore à établir entre ces mêmes sujets et les grands, les véritables médiums, c'est-à-dire ceux qui, doués d'une force spéciale, produisent des phénomènes que nulle donnée de l'Hypnotisme ne peut plus interpréter.

Et maintenant, rappelons en substance que les médiums sont, le plus souvent, des êtres très nerveux, très impressionnables, enclins à l'envie, à la dissimulation et d'une susceptibilité qui rend leur commerce difficile. La plupart du temps, ils présentent des tares nerveuses plus ou moins graves, et les cas ne sont pas rares de médiums morts fous (1).

Nous le répétons, les examens détaillés et complets,

---

(1) Voir plus bas l'opinion de M. Lombroso à ce sujet.

tant au point de vue anatomo-physiologique que psychopathologique, font presque entièrement défaut. On en est donc réduit, jusqu'à maintenant, à des notions très vagues sur ces êtres étranges.

La force qu'ils possèdent leur est-elle particulière ? et ne saurait-on en trouver le rudiment chez les autres êtres ?

Nous n'en savons rien pour le moment ; il est bon toutefois de se rappeler que, lors des premiers travaux sur l'hypnotisme, on croyait très restreint le nombre des personnes hypnotisables, et que, depuis, ce nombre s'est singulièrement accru.

Un des caractères psychiques dominant chez les médiums, c'est la tendance au mensonge, à la tricherie. On peut même dire que c'est à leurs nombreuses fraudes qu'est dû le discrédit qui, aujourd'hui encore, entrave d'une façon si fâcheuse les progrès de la Psychologie occulte. Ici, comme partout ailleurs, on conclut trop vite du particulier au général, et l'on s'imagine que, parce qu'un médium a été surpris « la main dans le sac », il ne saurait partout et toujours que tricher. Or, il n'en est pas du tout ainsi. Certes, nous ne saurions trop dénoncer et trop mettre en garde contre les nombreux jongleurs qui se donnent effrontément pour médiums ; mais il n'en est pas moins vrai que, d'après le peu que nous en savons, la faculté médianimique paraît être très capricieuse, très variable chez le même individu, d'un jour à l'autre, d'une heure à l'autre ; il en résulte qu'un bon médium, désespérant d'obtenir par son seul « fluide » certains phénomènes qu'on lui demande, peut se laisser entraîner — parfois inconsciemment — à « simuler » la production de ces phénomènes. Du reste, voici ce que dit M. Dariex, au sujet des fraudes des médiums et des précautions à prendre dans l'expérimentation des phénomènes psychiques (1) :

« Il ne faudrait pas conclure que tout est supercherie et que les faits n'existent pas ; nous avons la ferme conviction que des faits d'ordre psychique ou, si l'on veut, spiritiques, existent, et il ne nous est plus permis de repousser la télépathie, ni la lucidité ; quant aux mouvements d'objets sans contact, nous avons de puissantes raisons pour en admettre la réalité, mais nous tenions à démontrer que l'expérimentation de ces phénomènes est délicate et difficile, et que, pour la mener à bien, il est utile, comme d'ailleurs pour la plupart des choses, d'en avoir une longue pratique.

» Les médiums sont habiles et très enclins à la supercherie, même quand ils ne sont pas gagés et n'ont aucun intérêt matériel à tromper. Beaucoup d'entre eux... simulent le phénomène attendu, s'il ne se produit pas naturellement, ou s'il tarde à se produire ; tantôt ils agissent inconsciemment, tantôt ils sont plus ou moins conscients, mais sont mus par une impulsion à laquelle ils ne peuvent résister. Cette impulsion à simuler le phénomène, déjà longtemps attendu, n'est pas exclusive aux médiums, beaucoup de personnes l'éprouvent, mais, plus énergiques ou moins impressionnables que ces derniers, elles y résistent d'habitude...

---

(1) Dariex : *De l'expérimentation dans les Phénomènes psychiques*, Annales des Sciences psychiques, n° 6, 1re année. L'un des plus célèbres médiums-imposteurs que l'on connaisse est celui qui, sous les noms de *Cagliostro* et de *Joseph Balsamo*, fit tant de bruit à la fin du xviiie siècle. Voy. le curieux passage que, dans ses *Mémoires*, Gœthe consacre à cet aventurier sicilien et à sa famille, qui valait mieux que lui. (Gœthe : *Mémoires*, tome II, page 140 et suiv. (Charpentier, 1885).

»Les spirites prétendent que les « esprits » aiment la musique, qu'elle aide aux phénomènes.

»Beaucoup de médiums ont, en effet, l'habitude de demander que l'on chante ou que l'on joue de quelque instrument de musique ; à les entendre, on serait plus mélomane dans l'autre monde que dans celui-ci... Ces bons «esprits» auraient-ils aussi une grande prédilection pour les odeurs, spécialement pour l'éther, dont l'odeur pénétrante se répand immédiatement dans toute la pièce ? Les phénomènes augmenteraient beaucoup en intensité, disent les spirites et les occultistes.

»Nous ne croyons pas que ces deux affirmations aient jamais été prouvées, tandis que nous savons que les médiums profitent souvent de ce que le chant masque le bruit de leurs mouvements et détourne l'attention des assistants, pour tricher plus à leur aise ; ils sont aussi plus à leur aise pour produire des phénomènes lumineux, quand l'odeur de l'éther masque celle du phosphore.»

D'où la nécessité grande, quand on se livre à l'expérimentation des phénomènes psychiques, de se méfier de la musique, des odeurs et des médiums.

Au reste, disons, en finissant, que, d'une façon générale, nous déconseillons la pratique des Phénomènes occultes. Certes, leur seule pensée pourrait, par les problèmes élevés qu'elle suggère, secouer peut-être l'apathique aïdéisme qui, en ces jours de matérialité triomphante, n'a que de trop nombreux et de trop fervents adeptes ; mais les dangers que présentent des recherches de ce genre, pour un parfait équilibre mental, doivent les faire interdire aux esprits qu'une éducation intellectuelle solide n'a pas prémunis là-contre.

Seuls, les médecins, dont le concours pourrait être si précieux, ne devraient négliger aucune occasion de faire des expériences médianimiques. Leurs efforts n'auraient-ils que des résultats médiocres, la Psychologie occulte — nous le répétons — touche à des questions d'une telle transcendance, que son seul commerce pourrait les arracher à cette incuriosité intellectuelle, dans laquelle la pratique exclusive et terre-à-terre de leur art n'a que trop de tendance à les enliser.

4° Théories émises pour expliquer les divers Phénomènes occultes

Nous avons déjà dit, à plusieurs reprises, que la partie théorique de notre étude serait brève et que nous aurions garde de nous lancer dans la discussion des théories diverses, émises pour l'interprétation des Phénomènes occultes. On connaît les raisons de prudence intellectuelle qui motivent cette réserve. Mais nous jugerions notre travail incomplet si nous n'y faisions figurer au moins un exposé de ces tentatives d'explication.

Voici donc, d'après MM. Croockes et Gibier, le résumé de ces théories (1) :

1re Théorie. — Les phénomènes sont tous le résultat de fraudes, d'habiles arrangements mécaniques ou de prestidigitation ; les médiums sont des imposteurs et les assistants des imbéciles.

Il est évident que cette théorie ne peut expliquer qu'un très petit nombre de faits sérieusement observés.

---

(1) Voyez : Croockes : *Force psychique*, p. 174 et suiv. — Gibier : *Spiritisme*, p. 310 et suiv.

2ᵐᵉ Théorie. — Les personnes qui assistent à une séance sont victimes d'une espèce de folie ou d'illusion, et s'imaginent qu'il se produit des phénomènes qui n'existent réellement pas.

Les expériences faites avec le secours d'instruments enregistreurs réfutent aisément cette théorie.

3ᵐᵉ Théorie. — Tout est produit par le diable ou ses suppôts. C'était la théorie de de Mirville, c'est celle de toutes les églises chrétiennes. — *Théorie démoniaque.*

4ᵐᵉ Théorie. — Il existe une catégorie d'êtres, un monde immatériel, vivant à côté de nous et manifestant sa présence dans certaines conditions. Ce sont ces êtres qu'on a connus de tout temps sous le nom de *génies*, *fées*, *sylvains*, *lutins*, *gnômes*, *farfadets*, etc. A cette théorie se rattache celle des boudhistes de l'Inde et d'Europe (théosophes) qui mettent les phénomènes sur le compte d'esprits vitaux incomplets, d'êtres non finis appelés *Elémentals*. — *Théorie «gnômique».*

5ᵐᵉ Théorie. — Toutes ces manifestations sont dues aux esprits ou âmes des morts, qui se mettent en rapport avec les vivants, en manifestant leurs qualités ou leurs défauts, leur supériorité ou, au contraire, leur infériorité, tout comme s'ils vivaient encore. — *Théorie spirite.*

6ᵐᵉ Théorie. — Un fluide spécial se dégage de la personne du médium, se combine avec le fluide des personnes présentes, pour constituer un personnage nouveau, temporaire, indépendant dans une certaine mesure, et produisant les phénomènes connus. — Cette théorie pourrait s'appeler : *Théorie de l'être collectif.*

On pourrait la nommer aussi *Théorie de la Force psychique*.

Le professeur Lombroso vient de la reprendre à propos des expériences de Naples et d'en présenter une variante. Comme ces expériences ont fait grand bruit, nous allons citer les principaux passages de l'interprétation qu'a voulu en donner l'éminent anthropologiste.

« Aucun de ces faits, dit-il (qu'il faut pourtant admettre, parce qu'on ne peut nier des faits qu'on a vus), n'est de nature à faire supposer, pour les expliquer, un monde différent de celui admis par les neuropathologistes. Avant tout, il ne faut pas perdre de vue que Mme Eusapia est névropathe, qu'elle reçut dans son enfance un coup au pariétal gauche, ayant produit un trou assez profond pour qu'on puisse y enfoncer un doigt, qu'elle resta sujette ensuite à des accès d'épilepsie, de catalepsie, d'hystérie, qui se produisent surtout pendant les phénomènes médianimiques ; qu'elle présente enfin une remarquable obtusité du tact. C'étaient des névropathes aussi, ces médiums admirables, tels que Home, Slade, etc... Eh bien ! je ne vois rien d'inadmissible à ce que, chez les hystériques et les hypnotiques, l'excitation de certains centres, qui devient puissante par suite de la paralysie de tous les autres et provoque alors une transposition et une transmission des forces psychiques, puisse aussi amener une transformation en force lumineuse ou en force motrice. On comprend ainsi comment la force, que j'appellerai cordiale ou cérébrale, d'un médium, peut, par exemple, soulever une table, tirer la barbe de quelqu'un, le battre, le caresser, phénomènes assez fréquents dans ces cas.

» Pendant la transposition des sens due à l'hystérisme, quand, par exemple, le nez et le menton voient (et c'est un fait que j'ai vu de mes yeux), alors que pendant quelques instants tous les autres sens sont paralysés, le centre cortical de la vision, qui a son siège dans le cerveau, acquiert une telle énergie qu'il se substitue à l'œil.. . . . . .
. . . .

» Examinons maintenant ce qui arrive quand il y a transmission de pensée. Dans certaines conditions, très rares, le mouvement cérébral, que nous appelons pensée, se transmet à une distance petite ou grande. Or, de la même manière que cette force se transmet, elle peut aussi se transformer, et la force psychique devient force motrice : il y a, dans l'écorce cérébrale, des amas de substance nerveuse (centres moteurs) qui président précisément aux mouvements et qui, étant irrités, comme chez les épileptiques, provoquent des mouvements très violents dans les organes moteurs. On m'objectera que ces mouvements spiritiques n'ont pas comme intermédiaire le muscle, qui est le moyen le plus commun de transmission des mouvements ; mais la pensée, non plus, dans les cas de transmission, ne se sert plus de ses voies ordinaires de communication, qui sont la main et le larynx. Dans ce cas, pourtant, le moyen de communication est celui qui sert à toutes les énergies et qu'on peut nommer, en se servant d'une hypothèse constamment admise, l'éther, par lequel se transmettent la lumière, l'électricité. Ne voyons-nous pas l'aimant faire mouvoir le fer, sans aucun intermédiaire visible? Dans les faits spirites, le mouvement prend une forme se rapprochant davantage de la volitive, parce qu'il part d'un moteur qui est en même temps un centre psychique : l'écorce cérébrale. La grande difficulté consiste à admettre que le cerveau est l'organe de la pensée et que la pensée est un mouvement ; car, du reste, en physique, il n'y a pas de difficulté à admettre que les énergies se transforment et que telle énergie motrice devient lumineuse ou calorique.

» Après l'ouvrage de M. Janet sur l'automatisme inconscient, il n'y a plus à chercher à expliquer les cas des médiums écrivains.... Lorsque la table donne réponse exacte (par exemple, quand elle dit l'âge d'une personne que celle-ci est seule à connaître), lorsqu'elle cite un vers dans une langue inconnue au médium, ce qui étonne étrangement les profanes, cela arrive parce qu'un des assistants connaît cet âge, ce nom, ce vers et y fixe sa pensée vivement concentrée, à l'occasion de la séance, et qu'il transmet ensuite sa pensée au médium qui l'exprime par ses actes, et la reflète quelquefois chez un des assistants : justement parce que la pensée est un mouvement ; non seulement elle se transmet, mais encore elle se reflète. J'ai observé des cas d'hypnotisme où la pensée, non seulement se transmettait, mais se reflétait en bondissant chez une troisième personne, qui n'était ni l'agent ni le sujet, et n'avait pas été hypnotisée. C'est ce qui arrive pour la lumière et l'onde sonore....

» L'objection faite par la plupart des gens est celle-ci :

» Pourquoi le médium, Mme Eusapia, par exemple, a-t-il un pouvoir qui manque aux autres ? — De cette différence avec tout le monde surgit le soupçon d'une duperie, soupçon naturel, surtout chez les âmes vulgaires, et qui est l'explication plus simple, plus dans le goût de la multitude qui évite de réfléchir, d'étudier (1). Mais ce soupçon

---

(1) Disons mieux, cette multitude dont parle M. Lombroso — *et non toujours la plus vulgaire* — a non seulement de l'indifférence, mais encore, souvent, de la haine pour l'idée.

disparaît dans l'esprit du psychologue, vieilli dans l'examen des hystériques et des simulateurs. Il s'agit, d'ailleurs, de faits très simples et assez vulgaires (tirer la barbe, soulever la table) à peu près toujours les mêmes, et qui se répètent avec une invariable monotonie, tandis qu'un simulateur saurait les changer, en inventer de plus amusants et plus merveilleux.

» En outre, les charlatans sont très nombreux, et les médiums très rares.... Si les faits spécifiques étaient toujours simulés, ils devraient être très nombreux et non des exceptions. — Je le répète, on doit chercher la cause des phénomènes dans les conditions pathologiques du médium même... Et la grande erreur de la majorité des observateurs est d'étudier le phénomène hypnotique et non pas le terrain où il naît. Or, le médium, Mme Eusapia, présente des anomalies cérébrales très graves, d'où vient sans doute l'interruption des fonctions de quelques centres cérébraux, tandis que s'accroît l'activité d'autres centres, notamment des centres moteurs. Voilà la cause des singuliers phénomènes médianimiques. Quelquefois, les phénomènes spéciaux aux hypnotisés et aux médiums arrivent, il est vrai, chez des individus normaux, mais au moment d'une profonde émotion, chez les mourants, par exemple, qui pensent à la personne chérie avec toute l'énergie de la période préagonique. La pensée se transmet alors, sous forme d'image, et nous avons le fantôme qu'on appelle aujourd'hui hallucination véridique ou télépathique (1).

» Et justement parce que le phénomène est pathologique et extraordinaire, on le rencontre seulement dans des circonstances graves et chez des individus qui ne présentent pas une grande intelligence, du moins à l'instant de l'accès médianimique. Il est probable que dans les temps très reculés, quand le langage était à l'état embryonnaire, la transmission de la pensée était beaucoup plus fréquente et que beaucoup plus fréquents aussi étaient les phénomènes médianimiques, qu'on appelait alors magic, prophétie (2). Mais, avec le progrès, avec le perfectionnement de l'écriture et du langage, le moyen de la transmission directe de pensée fut destiné à disparaître complètement, étant devenu inutile et même nuisible (?) et peu commode, parce qu'il

---

(1) Et lorsque l'image de l'agent se manifeste alors que celui-ci ne court aucun danger et ne pense pas du tout au sujet?

(2) Avancer que lorsque la Magie était florissante, le langage était encore à l'*état embryonnaire*, nous semble un peu hasardé.

trahissait les secrets et communiquait les idées avec une exactitude insuffisante. Quand l'on eut enfin compris que ces formes nécropathiques n'avaient pas l'importance qu'on leur attribuait et qu'elles étaient pathologiques et non divines, on vit diminuer et disparaître les magies, les fantômes, soi-disant miracles, qui étaient presque tous des phénomènes réels, mais médianimiques. Chez les peuples civilisés on ne rencontra plus toutes ces manifestations qu'en des cas très rares, tandis qu'elles continuent sur une vaste échelle chez les peuples sauvages (?) et les individus névropathiques.

» Etudions, observons donc, comme dans la névrose, les convulsions, l'hypnotisme, le sujet plus que le phénomène, et nous trouverons l'explication de celui-ci plus complète et moins merveilleuse qu'elle ne semblait tout d'abord. Pour le moment, défions-nous de cette prétendue finesse d'esprit qui consiste à voir partout des simulateurs et à nous croire seuls les savants, tandis que précisément cette prétention pourrait nous plonger dans l'erreur.

LOMBROSO. »

Turin, 12 mars 1892.

Voilà qui est parfait. Mais s'il est prudent de se défier d'une finesse d'esprit trop aiguë, l'on doit, ce nous semble, agir de même envers certaines hypothèses très brillantes, très séduisantes sans doute, mais un peu périlleuses...

La théorie du savant italien explique suffisamment certains cas ; mais, sans que nous ayons besoin de les préciser, elle reste insuffisante devant d'autres...

Comme le sujet qui nous occupe semble, de par son irritant mystère, posséder, plus que tout autre, le don de susciter des théories et des hypothèses, le lecteur nous permettra de citer, en terminant, pour le bien de sa discipline intellectuelle et de la nôtre propre, les passages suivants du livre admirable et naturellement peu connu de Stallo : *la Matière et la Physique moderne*. En des études où les faux pas de l'esprit peuvent être si fréquents, on ne saurait trop insister sur les véritables procédés logiques.

Quand un nouveau phénomène se présente à l'homme de science ou à l'observateur ordinaire, cette question se pose à l'esprit de l'un comme de l'autre : Qu'est-ce ? — et cette question signifie simplement : De quel fait connu, familier, ce fait étrange en apparence, inconnu jusqu'ici, est-il une nouvelle forme ? — de quel fait connu, familier, est-il un déguisement ou une explication ? Ou, en tant que l'identité partielle ou totale de plusieurs phénomènes est la base de la classification (une classe étant un certain nombre d'objets ayant une ou plusieurs propriétés en commun), on peut dire aussi que toute explication, y compris l'explication par hypothèse, est, au fond, une classification. Telle étant la nature essentielle de l'explication scientifique, dont l'hypothèse est une forme à titre d'essai, il en résulte qu'aucune hypothèse ne peut être valide, si elle n'identifie tout ou partie du phénomène qu'elle est destinée à expliquer, avec un ou plusieurs autres phénomènes préalablement observés. La première règle, la règle fondamentale de tout raisonnement hypothétique dans la science, peut formellement se résoudre en deux propositions : — la première est que toute hypothèse valide doit être une identification de deux termes : le fait à expliquer et un fait par lequel on l'explique ; — et la seconde, que ce dernier fait doit être connu par l'expérience.

D'après la première de ces propositions, toute hypothèse est frivole quand elle substitue une supposition à un fait. C'est ce qu'on appelle, dans le langage scolastique, expliquer *obscurum per obscurius*, ou bien — la supposition étant l'expression du fait lui-même sous une autre forme, le fait répété — expliquer *idem per idem*. La frivolité de ces hypothèses confine à une puérilité déplorable quand elles remplacent un fait simple par plusieurs suppositions arbitraires, parmi lesquelles est le fait lui-même... Pour remplir la première condition de sa validité, une hypothèse doit mettre le fait à expliquer en relation avec un ou plusieurs autres faits, en identifiant une partie ou la totalité du premier avec une partie ou la totalité du second. Dans ce sens, on a dit, avec raison, qu'une hypothèse valide réduit le nombre des éléments non compris d'un phénomène.

Quant à la seconde condition de validité des hypothèses :

Le phénomène explicatif (c'est-à-dire celui avec lequel est identifié le phénomène à expliquer) doit être une donnée de l'expérience, elle équivaut en substance à la partie de la première *regula philoso-*

phandi de Newton, dans laquelle il insiste sur ce point que la cause choisie pour l'explication des choses de la nature doit être une *vera causa*, terme qu'il ne définit pas expressément dans les *Principia*, mais dont le sens peut être extrait du passage suivant de son *Optique* : « Dire que chaque espèce de choses est douée d'une qualité spécifique occulte, par laquelle elle agit et produit des effets manifestes, c'est ne rien dire. Mais exprimer deux ou trois principes généraux du mouvement, tirés des *phénomènes*, et ensuite montrer comment les propriétés et actions de toutes les choses matérielles découlent de ces principes manifestes, ce serait faire un grand pas en philosophie, quand même les œuvres de ces principes ne seraient pas encore découvertes (1)…. »

Telles sont les règles d'intellect, qu'en Psychologie occulte, plus encore que partout ailleurs, on devrait avoir constamment présentes, lorsqu'on aborde l'interprétation des phénomènes (2).

---

(1) Stallo : *La Matière et la Physique moderne.* (Alcan, 1884), p. 77 et suiv.

(2) Deux essais d'explication scientifique des Phénomènes psychiques occultes viennent d'être récemment tentés, l'un par M. Durand (de Gros), dans son *Merveilleux scientifique* (Paris, Alcan, 1894), l'autre par le docteur Fugairon, dans son Essai sur les *Phénomènes électriques des êtres vivants* (Paris, Chamuel. 1894). Nous ne saurions trop recommander à nos lecteurs l'étude attentive de ces deux savants ouvrages.

CONCLUSIONS

Il est certains sujets qui portent en eux-mêmes leurs conclusions : ce sont ceux qui, exempts de toute intervention, de toute opinion personnelle de l'auteur qui les traite, ne comprennent que le simple énoncé des faits. Nous avons tenu — tout le long de ces pages — à conserver rigoureusement à notre étude ce caractère d'argumentation, pour ainsi dire impersonnelle, d'argumentation par les Faits et rien que par les Faits. Nous effaçant constamment devant eux, nous les avons laissé parler à notre place. En un sujet encore aussi obscur, aussi discuté et dont les conséquences peuvent être si graves, ce système d'exactitude positive s'imposait.

Mais les documents que nous avons voulu donner comme unique soutien à notre thèse ont-ils toutes les garanties qui forment «l'éloquence des Faits» ? S'ils ne les possèdent, s'ils ne peuvent pas les posséder toutes (en une science encore si neuve), ils en présentent du moins de suffisantes et, à notre avis, de décisives : d'une part le nombre, de l'autre la qualité des témoignages.— Et c'est sur ce dernier argument qu'il convient surtout d'insister.

Le savant directeur de la *Revue scientifique* le dit lui-même : «Il n'est pas possible que tant d'hommes distingués d'Angleterre, d'Amérique, de France, d'Allemagne, d'Italie, se soient grossièrement et lourdement trompés. Toutes les objections qu'on leur a faites, ils les avaient pesées et discutées : on ne leur a rien appris, en leur opposant soit le hasard possible, soit la fraude, et ils y avaient songé bien avant qu'on le leur ait reproché ; de sorte que j'ai peine à croire que tout leur travail ait été stérile et qu'ils aient expérimenté, médité, réfléchi sur de décevantes illusions (1) ».

Si donc les Phénomènes occultes ont tant de peine à se faire admettre de l'Idée contemporaine, ce n'est point surtout parce que les témoignages qui les affirment sont en quantité ou de valeur insuffisantes. Au fond — est-il besoin de le dire ? — ce qui prévient les esprits contre l'Occulte, ce qui le leur rend suspect et intolérable, c'est uniquement son inconcevabilité. La question se ramène donc, en dernière analyse, à celle-ci : La concevabilité est-elle — et dans quelle mesure — une preuve de réalité possible ?

On sait quels vifs débats cette question a suscités dans la philosophie contemporaine ; on connaît les réponses opposées que lui ont faites Stuart Mill et ses élèves d'un côté, Whewel et Herbert Spencer de l'autre. Tandis que les premiers soutiennent que notre incapacité de concevoir une chose n'implique pas forcément son impossibilité, Whewel et Spencer affirment que ce qui est inconcevable ne peut pas être réel ou vrai. Nous n'avons pas à entrer ici dans le détail de cette discussion philosophique, d'autant que l'on n'ignore pas notre opinion à cet égard ; bornons-nous donc à citer les paroles suivantes de Stallo, qui la résument exactement :

« Généralement parlant, l'inconcevabilité d'un fait physique, par suite de son désaccord avec des notions pré-

---

(1) Richet : L'Avenir de la Psychologie, in *Annales des Sciences psychiques,* n° 6, 2ᵐᵉ année.

conçues, n'est pas une preuve de son impossibilité ou de sa non-existence. Le progrès intellectuel consiste presque toujours à rectifier ou renverser de vieilles idées, dont un grand nombre ont été considérées comme évidentes, pendant de longues périodes intellectuelles... On pourrait en accumuler des exemples indéfiniment. Jusqu'à la découverte de la décomposition de l'eau, de la véritable combustion et des affinités relatives du potassium et de l'hydrogène pour l'oxygène, il était impossible de concevoir une substance qui brûlât au contact de l'eau ; un des attributs reconnus de l'eau — en d'autres termes, une partie du concept d'eau — était qu'elle est le contraire du feu. Ce concept préalablement était faux, et quand il fut détruit, l'inconcevabilité d'une substance telle que le potassium disparut (1). »

---

(1) Stallo, *loc. cit.*, p. 109 et suiv.

Nous l'avons dit : la seule notion des Phénomènes que nous venons d'étudier confine aux questions les plus élevées, suggère les plus transcendants problèmes. C'est ainsi que l'on se demande si de la solution de cette nouvelle et si grave Inconnue ne pourra pas résulter — entre autres conséquences — la défaite ou le triomphe définitifs de l'un ou de l'autre des deux grands systèmes en présence : le Matérialisme et le Spiritualisme.

« L'on doit affirmer que la matière, quelle qu'elle soit, est munie, pourvue et formée de telle sorte que toute vertu, toute essence, tout acte et tout mouvement peuvent en être des conséquences ou des émanations naturelles (*). »

Cette affirmation de Bacon, la Psychologie occulte la confirmera-t-elle ? ou bien en sera-t-elle la réfutation aussi décisive qu'imprévue ? La fameuse déclaration de Tyndall ne saurait suffire à décider notre opinion :

« Mettant bas tout déguisement, dit-il, voici l'aveu que je crois

---

(*) Bacon : *De Princ. atque Orig.* Opp. éd. Bohn, vol. II, p. 691.

Donc, puisque, d'une part, l'observation positive, — nous pensons l'avoir suffisamment montré, — de l'autre, l'analyse philosophique, loin d'infirmer la proposition mise en tête de ces pages, semblent au contraire la légitimer, nous n'hésitons pas à la prendre pour conclusion de notre travail.

Et nous répétons avec M. Richet :

« *Nous avons la ferme conviction qu'il y a, mêlées aux forces connues et décrites, des forces que nous ne connaissons pas ; que l'explication mécanique, simple, vulgaire, ne suffit pas à expliquer tout ce qui se passe autour de nous ; en un mot* QU'IL Y A DES PHÉNOMÈNES PSYCHIQUES OCCULTES (1). »

On s'en souvient, nous avons jugé nécessaire — non par une sotte pusillanimité intellectuelle, mais parce que l'état actuel de la question l'exigeait — d'établir des degrés, des nuances dans l'admissibilité de ces divers Phénomènes ; ces réserves ne sauraient pourtant infirmer en rien la conclusion ci-dessus, la seule à retenir, et qui peut se

---

de voir faire devant vous : quand je jette un regard en arrière sur les limites de l'expérience expérimentale, je discerne au sein de cette matière — que, dans notre ignorance et tout en proclamant notre respect pour son Créateur, nous avons jusqu'ici couverte d'opprobre, — la promesse et la puissance de toutes les formes et de toutes les qualités de la vie (*). »

Disons-le encore une fois : Nul ne peut affirmer dès maintenant connues toutes les modalités de la Matière et de la Force ; nul, non plus, ne peut certifier que ces deux concepts (en réalité ce n'est pas autre chose) suffisent et suffiront toujours à tout expliquer....

(1) Ch. Richet : *Lettre de M. Dariex, in Ann. des Sciences Psychiques,* n° 1, 1re année.

(*) Discours inaugural prononcé, en août 1874, au Congrès de l'Association britannique, à Belfast.

résumer en ces quelques mots vulgaires, mais significatifs : IL Y A SUREMENT QUELQUE CHOSE.

Maintenant, et pour dire un mot des causes possibles de tout cet Absurde, parviendrons-nous à mieux connaître la plus probable (1) d'entre elles, cette « Force psychique » à peine entrevue jusqu'ici ? Réussirons-nous — comme nous fîmes pour le fluide électrique — à pénétrer les modes de sa production et de son activité, à la manier selon nos désirs, en un mot, à nous l'asservir ?

« Un jour viendra, dit Humboldt, où les forces qui s'exercent paisiblement dans la nature élémentaire, comme dans les cellules délicates des tissus organiques, sans que nos sens aient encore pu les découvrir, reconnues enfin, mises à profit et portées à un haut degré d'activité, prendront place dans la série indéfinie des moyens à l'aide desquels, en nous rendant maîtres de chaque domaine particulier dans l'empire de la nature, nous nous élèverons à une connaissance plus intelligente et plus animée de l'empire du monde. »

La Force psychique est-elle au nombre de ces forces, et la prédiction d'Humboldt se réalisera-t-elle à son sujet ? Il serait peu philosophique de le nier, téméraire de l'affirmer.

« Assurément, les effets qu'elle a produits jusqu'à présent sont relativement faibles ; mais quand Galvani s'amusait à faire danser des grenouilles, prévoyait-il qu'un siècle après, cette force, à peine perceptible qu'il venait de découvrir, éclairerait Paris ? (2) »

Quel que soit son sort dans l'avenir, maintenant que l'existence de ce nouveau mode de l'Energie est à peu

---

(1) Au moins, pour une partie des Phénomènes psychiques, sinon pour tous.
(2) De Rochas.

près démontrée, en dehors de toute erreur, en dehors de toute fraude, il faut, sans plus hésiter, le soumettre aux ordinaires procédés d'investigation scientifique, car, Sir William Thomson l'a déclaré : « La Science est tenue, par l'éternelle loi de l'honneur, à regarder en face et sans crainte tout problème qui peut franchement se présenter à elle (1). »

Or — que l'on nous permette de revenir encore sur ce point — croire que parce que certains de ces problèmes affectent des données absolument contraires à celles qui nous sont familières, ils ne sauraient exister, c'est « se faire fort par une téméraire présumption de sçavoir jusques où va la possibilité (2) », c'est, du même coup, interdire toute investigation scientifique, en dehors des régions déjà connues, c'est arrêter net l'évolution progressive de la Science. Pareilles affirmations ne peuvent être le fait que d'un imprudent oubli des leçons infligées à l'esprit de l'homme par l'histoire des sciences...

Certes, nous ne nous dissimulons pas que ces études si nouvelles nous réservent peut-être bien des déceptions. Qu'importe, s'il nous reste une chance, une seule d'atteindre à des résultats dont on peut dire que les entrevoir seulement effare l'imagination !

Non pas, cependant, que, dans leur essence, les Phénomènes occultes soient plus « merveilleux » que n'importe lequel des faits qui se passent journellement sous nos yeux. Pour tout esprit tant soit peu philosophique, les mouvements d'un objet sans contact ne constituent pas un « incompréhensible » plus profond, un prodige plus

---

(1) Discours prononcé, en 1871, devant l'*Association britannique*, à Edimbourg.
(2) Montaigne : Essais. — *C'est folie de rapporter le vray et le faulx au jugement de notre suffisance.*

étonnant que la germination d'une simple graine. L'absurde n'est-il pas, suivant le mot de Gœthe, «la véritable âme de notre monde ?» Seulement, les Phénomènes de l'Occulte sont en dehors de notre expérience journalière, ils bouleversent notre routine mentale ; de plus — et c'est ce qui achève de désorbiter l'esprit — ils nous révèlent l'existence probable de nouveaux, d'inespérés éléments dans la série des Forces, ils projettent de révélatrices et aveuglantes lueurs dans les ténèbres de ces mystérieux «Au-delà» que la pensée humaine a toujours soupçonnés et jamais pénétrés...

Donc, encore un coup, et c'est ici notre seconde conclusion — corollaire logique de la première, — il est temps d'entrer et d'entrer hardiment dans ces régions de l'Occulte, trop longtemps l'apanage de la Superstition et de la Fraude ; il est temps de reconnaître ce nouveau et peut-être si fertile domaine, auquel M. Lodge assigne les limites suivantes :

«Limitrophe à la fois, dit-il, à la physique et à la psychologie, cette région intermédiaire entre l'énergie et la vie, entre l'esprit et la matière, est bornée au nord par la psychologie, au sud par la physique, à l'est par la physiologie, et à l'ouest par la pathologie et la médecine..... Jusqu'à présent, nous avons trop hésité à pénétrer dans ce nouveau domaine, mais bientôt nous l'envahirons.»

Et il continue par ces paroles, qui seront les dernières de notre étude :

«Ce que nous savons n'est rien auprès de ce qui nous reste à apprendre, dit-on souvent, quoique parfois sans conviction. Pour moi, c'est la vérité la plus littérale, et vouloir restreindre notre examen aux territoires déjà à demi-conquis, c'est tromper la foi des hommes qui ont lutté pour le droit de libre examen, c'est trahir les espérances les plus légitimes de la Science.»

TABLE DES MATIÈRES

	Pages
Préambule	v
Introduction	vii
Historique	17
Division du sujet	41

PREMIÈRE PARTIE

PREMIÈRE CLASSE — PHÉNOMÈNES PSYCHIQUES OCCULTES

Premier genre. — *Télépathie*	45
A. — Hallucinations télépathiques visuelles	63
B. — Hallucinations télépathiques auditives	73
C. — Hallucinations télépathiques tactiles	81
D. — Hallucinations télépathiques réciproques	89
E. — Hallucinations télépathiques collectives	92
Deuxième genre. — *Lucidité ou clairvoyance*	100
Troisième genre. — *Pressentiment*	112

DEUXIÈME PARTIE

DEUXIÈME CLASSE — PHÉNOMÈNES PHYSIQUES OCCULTES

I. *De la force psychique* 125
    Lévitation 154

II. *Phénomènes divers* 161
    1° Phénomènes se produisant sans l'intervention reconnue d'un médium 164
    2° Matérialisations 172
    3° Expériences de Milan 186

III. *Des médiums* 202

IV. *Théories émises pour expliquer les divers phénomènes occultes* 210

Conclusions 218

Librairie Camille COULET, Éditeur

VIENT DE PARAITRE

TRAITÉ PRATIQUE

DES

MALADIES DU SYSTÈME NERVEUX

PAR

J. GRASSET	G. RAUZIER
Correspondant de l'Académie de Médecine	Professeur agrégé
Professeur de clinique médicale	Chargé du cours de pathologie interne

à la Faculté de Médecine de Montpellier

QUATRIÈME ÉDITION
Revue et considérablement augmentée

AVEC 122 FIGURES DANS LE TEXTE ET 33 PLANCHES
DONT 15 EN CHROMO ET 10 EN HÉLIOGRAVURE

Ouvrage couronné par l'Institut (prix Lallemand)

2 vol. grand in-8° raisin de 1987 pages

Prix : 45 francs

www.ingramcontent.com/pod-product-compliance
Lightning Source LLC
Chambersburg PA
CBHW071942160426
43198CB00011B/1509